海上空间

晚清寓居城市的现代性

梁允翔 著

上海辞书出版社

序

从世纪之交开始的大规模建设使上海城市面目一新,正如俗谚所说:一年一个样,年年不一样,三年大变样。随着高速公路和地铁的兴建,上海市区迅速扩张,老城区包括原租界地带的一些建筑被拆毁,许多邻里街区已无影无踪。在美轮美奂的现代化的高楼大厦拔地而起,全球惊艳上海的同时,怀旧风也渐趋流行。在文化多元的环境下,民国时期不再只是"黑暗的旧社会","三十年代"反倒成了一种时尚符号。

但人们一般不知道的是,这已不是上海这座城市第一次经历凤凰涅槃。一个多世纪以前,即19世纪下半叶,上海有过类似性质的"现代化"城市进程。黄浦江畔的三五茅舍、几畦农田的宁静乡村以及县城附近的一些拥挤的老街区也曾被无情地夷为平地。在新的空间里,洋楼崛起,商贾萃集,到了19世纪末,上海已是小县成名邦,为民国年代的"东方巴黎"谱写了前奏曲。

梁允翔教授的《海上空间》便是为这段上海早期的现代化城市进程所作的一幅素描。这本著作大致有三个看点:

其一,作者重绘了19世纪下半叶,特别是太平天国运动后的三十年间,上海城市(主要是租界地区)的空间结构。大凡与公众日常生活有关系的所谓公共空间,诸如街道、里弄、妓院、茶馆、酒楼、烟馆、戏园以及对公众开放的一些私家园林和被当时市民形容为"海市蜃楼"的商用洋房等,在书中均有铺陈描述。对读者来说,这犹如是看到了戏剧的舞台和了解了故事的背景。其中对早期里弄和传统街坊结构的讨论,尤为详尽。

其二,作者描述了在这诸多城市空间中活动的各种人物,从骚人墨客、商贾买办到掮客、妓女、嫖客、佣人、小贩、苦力各色人等,均有涉及。也许是因为当时的文人留下了较多的有关妓院的材料,作者对妓女、嫖客和与此有关的娱乐业的论述占了不少篇幅。但作者所关心的并非简单的冶游客和卖春女之间的寻常故事,而是通过他们来讨论一个时代。例如通过对妓院的描述来展示当时的物质文化:房屋、家具、陈设、首饰、赠品以及妓女的穿着等。又如用弗洛伊德(Sigmund Freud)的心理学理论来解释在上海这个移民城市里,青楼狎客和男性怀乡病之间的关系。

其三,这是一部学术著作,作者试图用德国哲学家本雅明(Walter Benjamin)有关历史学的评论来书写上海史。本雅明的历史观点有点玄,往往与他的哲学思想、艺术和美学观点以及城市空间理论等交叉混合在一起。但简言之,孔子讲"述而不作"——不以今人的体验来解释历史(虽然孔子本人对此未必身体力行),本雅明则认为书写历史者要客观地重现历史几无可能,也无必要,诠释历史才是第一要务。如本书书名所点明的,作者想要讨论的中心点是晚清寓居上海的各色人物的现代性。自从20世纪中叶美国学者列文森(Joseph R. Levenson)等讨论儒教中国及其现代命运开始,半个多世纪以来,"现代性"一直是学术界研究探讨中国近现代史的一个中心点。但是将中国传统与现代性对立起来的二元论,犹如大家熟知的冲击与反应论一样,已是学术界的"稻草人",毋需赘言。而本书作者"旨在通过上海城市空间的生产"来解释一种"颓废的现代性",则饶有新意。

除了引言和第一章外,作者基本上采取叙事为主、夹叙夹议的写作方法,故以上所谈的三个方面在书中有多种表现,不能说已完全归类,更不能以此囊括全书内容。我在这里只是以一个读者的身份,贡献一己之得,或许对一些读者有提纲挈领的作用。

从20世纪末起,上海史在海外成为显学。近几十年来,英语世界平均每两年就有一部关于上海历史的学术专著由著名的大学出版社出版。这在匿名审稿制和出版经费普遍紧张的情况下,可称奇迹。美国本土历史丰富的大城市如纽约、芝加哥、波士顿,英语世界的另一些大都市如英国伦敦、加拿大温哥华、澳大利亚悉尼,以及巴黎、东京、柏林等世界级的大城市都没有受到学术界如此的重视。在中国国内,上海史研究则蔚然成为一门“上海学”。由熊月之教授主编的三十卷本《上海通史》年内将出版,这是国内史学界的一件盛事,也标志着上海史研究方兴未艾。

上海史研究偏重民国年代,对19世纪下半叶这一段历史的研究相对冷清,不过晚清上海也早已进入学者视野。以英语著作而言:较早的有梁元生关于上海道台的研究、程恺礼(Kerrie L. MacPherson)关于晚清上海公共卫生的研究等;进入21世纪以来,有叶晓青关于《点石斋画报》的研究(2003),梅嘉乐(Barbara Mittler)关于早期《申报》的研究(2004),叶凯蒂(Catherine Vance Yeh)关于晚清上海名妓、知识分子和娱乐文化的研究(2006)等。梁允翔此作原为英文,出版于2010年,在海外颇受好评。如英国的《中国季刊》(*The China Quarterly*)的书评赞誉此书“将上海的城市空间栩栩如生地”带给读者,“极大地帮助我们理解对上海的中国市民而言现代性的真正意义所在”。我本人也曾在美国的《亚洲研究学刊》(*Journal of Asian Studies*)上撰文推介。中外学术界的关心点不尽相同,研究方法也各有异,现在梁教授在英文版的基础上将此书扩充再创作,在促进中外学术沟通上是一贡献。本书篇幅不大,但内容丰富、行文流畅、图文并茂,对于新一代对城市史、社会文化史有兴趣的读者，尤为有益，故乐而为之序。

卢汉超
识于美国亚特兰大北郊之中西斋
2018 年元宵节

目　　录

引言　重写城市的自然历史

本书旨在重构晚清上海城市空间的现代性，并以此论证中国的早期现代性进程主要体现在新的城市空间布局。该空间布局在19世纪后半叶发展形成——从华洋杂居的肇始（小刀会起义和太平军东征）到19世纪末中华民族主义运动崛起的前夕。本书的重点是展现寓居商人及其女伴的每日生活空间和物质文化，这与用新的（西式）时间概念来解释近代中国的现代性形成反差。

中国近代史一直在不断地被重写，它总是体现了一种“传统”的历史主义（historicism）：其中心是沿线性时间维度不断进化和发展的人类生产活动；其基调是与旧封建王朝时代彻底断裂的革命或现代化进程。虽然近来的学者常常批判这一线性维度，并重写非线性的历史，但是如此的修正历史并没有根本性地挑战上述的历史主义，而是仅仅通过更复杂的叙述方式，通过挖掘更早的历史时刻，来建构关于变革的修正史述。这种修正历史仍然认同了晚清和“五四”改革思想家们早已接受的历史观，李欧梵在其著作《上海摩登》中评论这种历史观：

> 中国的现代性……是和一种新的时间和历史的直线演进意识紧密相关的，这种意识本身来自中国人对社会达尔文进化概念（Social Darwinism）的接受，而进化论则是世纪之交时，承严复和梁启超的翻译在中国流行起来的。在这个新时间表里，“今”和“古”成了对立的价值标准，新的重点落在“今”

> 上，"今"字被视为"一个至关重要的时刻，它将和过去断裂，并接续上一个辉煌的未来"。①

这种直线演进的时间意识标志着超越自然世界的人本主义的兴起，它倡导人类对自然的征服以及西方凌驾全球的霸权，它与中国自古建立起来的循环改变和自然更迭的历史观形成了鲜明对比。

人本主义的历史宣告了人类从宗教奴役的"黑暗时代"获得了解放，但这一历史其实源自犹太教和基督教共同信奉的神圣历史（即《圣经》中的叙述），而后者在早先时候也宣告了人类从同样"黑暗"的崇拜自然神灵的异教中获得了解放。关于进化和发展的现代理论，例如社会达尔文主义，虽然批判了上帝造物和救赎观念，但是也效仿了神圣历史的线性和总体性叙述方式。

20 世纪中国知识界欣然接受历史进步的观念，这与数世纪以来中国对西方传教活动的抵制形成了鲜明对比。后者徒劳无功地试图为这片"崇拜偶像"的异教之地带来基督的拯救。就实质影响而言，天主教的传教士自晚明以来对中国社会的作用可谓微乎其微。然而传教士的经验，比如耶稣会传教士对儒家经典的研读，同时对欧洲产生的作用是促进了欧洲权力的世俗化和知识界的启蒙。相比之下，中国继续维持着王朝的天子秩序和乡土文化中天人合一的理念，并没有采纳任何超越了自然世界和王朝疆域的外来意识。

近代西方资本主义的发展似乎不再重视神圣历史的时间维度，它源于基督教新教国家，受新教价值观的引导而更加注重空间扩展（即市场和资源的扩展）。这对近代中国产生了更加深远的影响：一个由彼此相连的诸多区域和相互竞争的列强所组成的广

---

① 李欧梵著，毛尖译：《上海摩登：一种新都市文化在中国（1930—1945）》，北京大学出版社，2001 年，第 53—54 页。

阔世界对自我想象中位于世界中心的中华帝国的冲击。神圣历史被空间化和世俗化,演变为一种新的西方文明化和殖民拓展的空间进程,从欧洲中心蔓延到外围的殖民地。在该进程的冲击下,中国自古以来的帝国模式危机重重,中国也渴望建构起以自身为中心的发展叙述话语,来抵制西方中心的叙述话语,但同时也在效仿后者。这种抵制和效仿产生了前文所述的中国现代性的话语,并确证了一种世界观的改变:从人类社会的自然更迭到被空间化了的神圣历史的观念转变;这一过程源自效仿一种新的、更优越的帝国机制的内在渴望,而并非被西方角色诸如传教士或殖民者所强加。

正如学者们指出,这种对西方的效仿充满着反复和矛盾,并未形成一个直线发展的进程。不过仅仅指出这一非线性历史进程还不充分,我们仍然需要一个理论框架来解释那些反复和矛盾。批判单线历史主义的学者大多受后现代和后结构主义对语言解构或话语分析的影响,也乐于探讨诸如文化多元性、含混性和杂糅性等主题,这些都丰富了我们对近代历史复杂性和无序性的理解。但是我们还是希望超越这些复杂和无序的历史细节,从而达到一种对现代转型总体结构的理解,这就是我要提出的关于现代性的双重性问题。克莉丝汀·布奇-格勒克斯曼(Christine Buci-Glucksmann)阐述了此双重性:

> 一方面,发展的现代性,始源于黑格尔的综合法并寄身于进化论者和历史主义者对马克思理论的解释之中,它假定一种线性的时间,一种"脱离野蛮"的文化和生产力的发展,一种完美的古典和中世纪美学整体性,一种主体赋予之意义的历史的想象(尽管这主体已被"疏离")。另一方面,对于本雅明从"波德莱尔—尼采—布朗基"(Baudelaire-Nietzsche-Blanqui)的理论格局中提炼出的现代性而言,要克服关于历

> 史的整体性、体系性和单一性的想象,就必须认识到一个不容回避的灾难性乌托邦主义(catastrophist utopianism),即在人类历史中心之处不断重现的野蛮、破碎和毁灭,这恰是一种批判力量。①

现代性同样赋予我们两种可对照的战胜宗教信仰魔力的方法:一是重新构建神圣历史,例如,通过将超度救赎之旅转换成朝着乌托邦理想的英勇前进,或将教堂神殿换成一个“公共领域”,从而使过去的神圣历史适用于现代的世俗空间;二是通过重新找回自然与历史的和谐统一来批判对时间的直线型“空间化”(该过程构建了一个可以被量化的同质性时空),并且“救赎”(redeem)原始的神秘主义并把它用于批判伪科学的必然性。后一种方法以自然的短暂来批判人为的纪念性,也就是批判以人的意图来征服世界的话语,取而代之的是历史融入自然之中,如瓦尔特·本雅明所述:“当……历史变为背景的一部分,它就是一份手迹。‘历史’一词书写于自然的表面,即稍纵即逝的文字。”②对这段话稍作反思,会令我们想起中国古代先哲对于“天人合一”和“沧海桑田”的领悟。

本雅明在《历史哲学之上》一文中建议我们把今天已经淡出视野之外的神学运用在历史唯物主义之中。③他认为过往的历史只有同之后的一个巨变时刻扯上关系,仿佛同宗教预言一般,才能充分显现其意义。受本雅明观点的启发,本书试图通过解释一种

① Christine Buci-Glucksmann, *Baroque Reason: The Aesthetics of Modernity*, trans. Patrick Camiller. London: Thousand Oaks, 1994, p.98.

② Walter Benjamin, *The Origin of German Tragic Drama*, trans. John Osborne. London: NLB, 1977, p.177.

③ Walter Benjamin, *Illumination: Essays and Reflection*, ed. Hannah Arendt. New York: Schocken Books, 1968, p.253.

早先于西式现代发展进程的(并随后被该进程霸权话语所压制的)混杂形式的上海现代性,来救赎一种中国的“传统主义”。在遭到现代化倡导者的批评以前,这一“向后的”传统主义遗留在传奇先哲的永恒教义、悠久的民间休闲文化,以及地方神灵的乡土信仰之中。这些都在一个新的工业文化刚刚诞生但国家民族主义的叙述话语还没被建构起来之时的“次要”文献中有着丰富的记载。这一传统主义的历史观没有被人类对自然和物质世界的傲慢自大所影响,因此它有助于把工业文明诊断为一种“新自然”:工业文明尽管有发展和多变的外像,但其内在仍旧是一成不变。

本书对上海现代性的研究方法,着重关注新兴的工业文明如何再造和曾经一样的神秘自然。换言之,本书旨在描绘晚清上海城市“新自然”的历史发展图景,这一图景凸现了与中国旧有的王朝文化及地方文化的断裂,也体现了疏离自然理念和乡土文化的新都市文化的崛起。在描述这一现代性的断裂图景时,本书充分考虑到资本主义机制和现代工业技术对上海当地社会的影响,例如将肉体和物件的商品化,新的开放建筑形式,理性化的城市规划,等等。但是,如此的影响更明显地表现为华人对现代事物和技术的主动占有和采用。事实上,工业技术的影响是多元的,并不是完全来自西方:新技术总是通过殖民政府和本土劳工组织双方的合作得以实践。这特别体现在寓居华人居屋的营造过程中(详见第四章)。

多元型现代性中的一个关键成分是传统主义,它还有另一个关键成分,即殖民政治经济和现代技术的影响。本书的目的并不是要构建一种中国中心的历史(Sino-centric history),一种将现代性纯粹解释为中国内部动力的历史,并以此来抵消西方霸权的支配性叙述话语。中国中心的历史可能是一种新的支配话语,在相反的方向上对西方中心话语进行复制和效仿。

笔者认为,更有效的抵制支配叙述话语的方法是“向下发掘”,将总体性支配叙述无法涉及的部分发掘出来——也就是日常的城市空间和物质文化。它们被记录在当时寓居文人的笔记、城市娱乐指南、新闻报道以及石印图像之中。本书并不是要从这些史料中重构一种总体性叙述,而是试图揭示它们隐藏的潜意识目的。

实际上,叙述历史可能最好采用一种“无限微小”的方法,这种撰写方法可以解构支配性的叙述,从碎片中洞悉整体,从瞬间中发现永恒。该方法不去构建总体性叙述,而是注重充分发掘蕴含在史料中的潜意识进程,对史料进行批判性的、文本对照的解读,从而揭示某些如同无形灰尘附着其间的真实历史经验。

本雅明认为,经验(Erfahrung)是未经主体意识筛选的历史动力(historical stimuli)铭刻在主体(潜意识)记忆中的永久裂痕。它是主体与社会、物质环境(即历史动力的来源)之间相互作用的结果,而不是“客观的”历史事实;它是片段的、偶然的,而不是完整的、绝对的。① 史料陈述实际上就是重温过去的某些片段,它可能包含了真实历史经验和集体的(潜)意识,但也可能仅仅是堆砌了一些缺乏历史经验的干瘪信息。把史料碎片重新组合成一个完整图像是徒劳的,因为历史并不是一个预先设计好的图景。历史学家的任务不应该是通过揭示完整而客观的历史图景来锁定一个历史时期,这样的做法常常导致历史信息的机械堆积;他们的任务应该是去解释一些能够传递给当代并拥有“新生”的历史经验。

按上述的方法,本书把晚清上海史料所记录的历史经验视为主体(城市寓居者)和物质环境(“新自然”)之间的相互作用,而不是简单的客观历史。本书的论述是沿着城市(从私密到公共)的空间维度把这些片段化的历史经验重新组织在一起,这与一个以时间为主线的叙述不同。如此的论述也是通过笔者的主观视角来

① Benjamin, *Illumination*, p. 163.

解释和组织史料:这一方面可以洞悉那个时代,另一方面则透露出笔者对于晚清上海的解读也取决于我们生活的当下。为了更好地理解当代社会,我们才要回顾到历史,正如本雅明指出的:

> 清晰地表述出历史上的过去并不意味着把它看作"它本来的真实面貌",表述历史意味着抓住一段在危机时刻闪耀着的记忆。历史唯物主义愿意保留如此的过去图像:它出人意料地展现在危机时刻历史所选择的人类面前。危机既影响着传统的内容,也影响着它的继承者。①

在上海重新崛起为国际大都市的今天,我们回顾老上海,发现由历史碎片构建的晚清城市图景依然类似自然风景:城市像自然一样变迁。晚清的城市痕迹已经很难在今天的都市中寻找到。早在20世纪之初,上海的现代化进程就抹去了晚清的痕迹,而今天新一轮的现代化进程和旧城改造项目又正在迅速抹去20世纪初的城市痕迹。在这样一轮如火如荼的现代化和国际化的热潮中,我们也许要冷静反思历史,反思晚清这个特殊历史时刻。当时的寓居者率先创造了一个现代性的华人都市。尽管他们沉迷于鸦片和酒色中,他们还是"清醒"地把当时的"现代城市"记录为颓废和破碎的世界——这正是因为他们的时刻既不属于旧式礼制社会,也不属于稍后的民族主义革命时代。本书对晚清上海现代性的空间重构正是要救赎他们的这个独特视角,并以此来批判强调进步和发展的现代主义。

---

① Benjamin, *Illumination*, p. 255.

晚清上海地图(沈华主编:《上海里弄民居》,中国建筑工业出版社,1993 年,第 8 页)

第一章 从礼制社会到现代性

在19世纪初(清道光初年),上海已经从一个位于江南边缘的县城发展成一个繁忙的港口城市,城外黄浦江沿岸一带已经形成一个繁忙的商业区。在第一次鸦片战争之后上海成为通商口岸,很快英、法、美租界在县城北面建立,1864年英美租界合并成为公共租界。租界建立的初期,只有几百名外侨及其仆人在江边,即后来的外滩一带居住。1853年小刀会起义占领了上海县城,华人难民涌入租界,开始了华洋杂居的局面。1860年前后太平军东征江南,更多难民涌入上海租界。四五年后战乱平息,这些避难者回乡,上海进入了一个短暂的经济萧条期。19世纪70年代上海经济发展迅速,租界人口也剧增,到了20世纪初期,上海发展成远东第一现代大都市,有"东方巴黎"的美称,南京路和外滩一带一派繁华。可是这座庞杂大都市的另一面也令人感到困惑:新旧华人街区与英法租界相接,它们之间的边界可以随意穿行;即使是在租界里,西式风格的雄伟大厦与密集蔓延的华人店铺和居屋也是错落陈杂。

中外学者对近代上海史有过深入研究,并注重讨论城市文化的现代性(modernity)。虽然学者大多不再认为上海的崛起只是简单的西化过程,但是他们仍然把上海的现代性理解为西学东渐的结果,反映了西方的观念、形式和技术。李欧梵所著的《上海摩登》就是这种观点的代表作,他强调上海的西式物质文化和消费文化,城市的现代性特别体现在西方文化对少数文人的影响。[1] 在另一方面，卢汉超所著的《霓虹灯外》详述了远离外滩和南京路的上海小市民的每日生活和居住环境；他把这种底层市井文化解释为中国经久不变的传统文化的延续，与李欧梵所描述的西式现代性形成对立。[2] 但是这种新移民市井文化其实是一种新的都市文化，与以往的乡土文化截然不同；我们应该把它看作城市现代性的重要一面。

把近代上海社会看作西方现代性和东方传统的二元对立并不能准确地解释上海都市文化的复杂性。所谓的西式现代性其实是与西方截然不同的"东方巴黎"，而所谓的中国传统其实已经与旧有的乡土文化断裂。正是这种复杂性和混合性体现了上海文化的现代性。这种现代性当然体现了西方殖民经济对江南乡土文化的冲击，但它是否是西方现代性在上海的复制呢？在讨论上海现代性之前，我们应该回顾西方现代性的起源和含义。

时间、空间与现代性

西方现代性的出现取决于资本主义的发展和快速的工业化进程，这一进程是与前工业西方传统的根本性断裂。近现代西方是一个资产阶级的世界，它的显著标志是日渐加速的社会变革，正如马克思在《共产主义宣言》中描述的：

> 资产阶级除非对生产工具，从而对生产关系，从而对全部社会关系不断地进行革命，否则就不能生存下去。反之，原封不动地保持旧的生产方式，却是过去的一切工业阶级生存的

---

① 李欧梵著，毛尖译：《上海摩登：一种新都市文化在中国（1930—1945）》，北京大学出版社，2001年。

② 卢汉超著，段炼，吴敏，子羽译：《霓虹灯外：20世纪初日常生活中的上海》，上海古籍出版社，2004年。

> 首要条件。生产的不断变革，一切社会状况不停的动荡，永远的不安定和变动，这就是资产阶级时代不同于过去一切时代的地方。一切固定的僵化的关系以及与之相适应的素被尊崇的观念和见解都被消除了，一切新形成的关系等不到固定下来就陈旧了。一切等级的和固定的东西都烟消云散了，一切神圣的东西都被亵渎了。人们终于不得不用冷静的眼光来看他们的生活地位、他们的相互关系。①

虽然"一切等级的和固定的东西"是一种追忆式的想象，但现代世界的最显著标志的确是迅速而彻底的变化。这里马克思主要谈到了从宗教和封建的前工业社会到世俗的资本主义世界的转变。这一论述源于黑格尔的目的论和综合论辩证法：西方现代化的动力来自欧洲社会的内部矛盾，例如宗教领袖与世俗贵族的权力斗争，以及稍后的贵族与资产阶级之间的政治斗争；旧者被新者打败，以此类推，后者也理应被更进步的阶级取代。但是与马克思的预言相反，宗教信仰并没有销声匿迹，资产阶级也没有被无产阶级革命打败；资本主义在不断地自我更新并且比以往更加强大，渗透到世界的每个角落。

资本主义通过物质空间的生产和消费来巩固自身，自其肇始，资本主义的发展就是要获取新的资源、资本和海外市场，这被证明是解决欧洲社会内部矛盾的关键。马克思颇具见解地写道："不断扩大产品销路的需要，驱使资产阶级奔走于全球各地。它必须到处落户，到处开发，到处建立联系。"②但马克思过于关注时间性的叙述，而并未能对资本主义的空间策略予以足够重视。他过度简

---

① 马克思，恩格斯：《共产党宣言》，《马克思恩格斯选集》第一卷，人民出版社，2012 年，第 376—435 页。

② 同上。

化了资本主义空间维度的问题，以便来阐述自己总体化的历史主义观点。他的“从中心到外围”资本积累模式认为资本首先在某中心处（英国或欧洲大陆）聚集，之后向外扩散到世界的其它地区。这样他把空间看作是一个线性运动的均质载体；这一线性运动就是从西方到东方，从都市到乡村的单向“开化过程”：

> 资产阶级，由于一切生产工具的迅速改进，由于交通的极其便利，把一切民族甚至最野蛮的民族都卷到文明中来了。它的商品的低廉价格，是它用来摧毁一切万里长城、征服野蛮人最顽强的仇外心理的重炮。它迫使一切民族——如果它们不想灭亡的话——采用资产阶级的生产方式；它迫使它们在自己那里推行所谓文明，即变成资产者。一句话，它按照自己的面貌为自己创造出一个世界。①

描绘这幅图景的不单是马克思，不论是自由主义者还是保守主义者，帝国主义者还是民族主义者，社会达尔文主义者还是法西斯主义者，他们都接受了黑格尔式的目的论和整体论，把现代物质空间和社会空间的转型描绘成直线的、整体性的发展进程。即便那些以保守和倒退理念为宗旨的“进程”也是如此。

发展进程并不能完全解释社会变迁，它既没有导致资产阶级世界的终结，也没有维持它无限的领土扩张。资本主义的成功在于它通过更复杂的时间尺度来实现了对空间的再生产；前进和发展是其一方面，另一方面则是持续不断地倒退到野蛮原始和支离破碎。在周期性的资本主义经济危机中，“总是不仅有很大一部分制成的产品被毁灭掉，而且有很大一部分已经造成的生产力被毁

---

① 马克思，恩格斯：《共产党宣言》。

灭掉”①。今天生产过剩的问题不仅体现于危机的周期性，而且更多地体现在特定的空间范围或地段，例如在北美城市中被遗弃的街区和东南亚的血汗工厂等。通过破坏旧技术和消费新产品，通过创建不平均的区域地理，资本主义避免了在特定地区内贫富分化的社会矛盾，并得以在持续的、随机的、多向度的空间运动中巩固了自身。

马克思指出现代性的黑暗面：“这个曾经仿佛用法术创造了如此庞大的生产资料和交换手段的现代资产阶级社会，现在像一个魔法师一样不能再支配自己用法术呼唤出来的魔鬼了。”②对于巫师而言的地狱，就是对当代男女而言的新物质世界。工人被迫沦为机器的附属品，变成了奴隶而不是主人。这一现代世界的唯物主义景象与文艺复兴时期的神圣人文主义形成了鲜明对比：上帝已死，人类不再处于优越的中心位置，也不再是世界的主宰，而是被他们自己创造出和消费掉的新物质本性搞得流离失所、无所归依、彼此疏离。

但是马克思对这种空间异化的解决方案却强调回到以人为中心的历史观：虽然来自社会最底层，马克思的无产阶级英雄、集体的革命阶级，在重建现代生活的意义和重构支离破碎的世界方面，却表现得无所不能。与这个推动历史进程向阶级消亡的理想社会发展的集体英雄不同，本雅明的历史“天使”把满怀沉思的凝视固定在那个支离破碎的物质世界：

> 他转脸朝向过去。在那儿我们意识到一系列事件，他看到一个单独的大灾难是由一个个灾祸积累起来的，他毫不客气地指出这一点。天使或许想说，唤醒死者，唤醒整个沉醉不

① 马克思，恩格斯：《共产党宣言》。
② 同上。

> 醒的世界。但天堂吹来一场暴风雨,它以暴力困住了天使的翅膀,天使不再能接近他们。这场暴风雨不可抗拒地把他背对着向前,推进未来,而碎片的堆积渐渐高耸入天空。这场暴风雨便是我们所谓的发展。①

这一“发展”与黑格尔的发展形成了鲜明对比。在本雅明的“自然历史”中,人类的“中心舞台”被隐含人类生存痕迹的废墟和碎片取代。与马克思一样,本雅明也把19世纪看作资本主义发展的最关键阶段,但他是从20世纪早期向后看到这一点的,当时资本主义世界的自我破坏力量已经充分显露出来。他未完成的《拱廊计划》意欲为资本主义商业文化(即工业文化的“新自然”)绘制一幅批判的全景“地图”,该地图正是由被资本主义发展所遗弃的物件与空间的辩证图像来构成的。②

如果这些物件和空间充分显示了现代性的“地狱魔力”,那么它们也是一种批判性的力量值得我们去救赎。这种救赎不是要重建完整秩序的梦想,而是要重新审视梦想和现实之间的差别。工业社会中的现实物质世界,以及现代城市中的真实生活,越来越被梦境般的虚幻景象所支配。如果我们意识到我们当前的生活经历实际上是由梦幻般的随机景象来支配,那么我们或许就能在昨夜那场支离破碎世界的噩梦之后恢复理智。

近代中国的现代性

以线性时间为主导的叙述,以人类为中心的历史,主要把中国

---

① Walter Benjamin. *Illumination*: *Essays and Reflection*, ed. Hannah Arendt, New York: Schocken Books, 1968, p. 257 – 258.

② Walter Benjamin. *The Arcades Project*, trans. Howard Eiland and Kevin McLaughlin, Cambridge MA: Harvard University Press, 1999.

20世纪早期的现代性解释为与固有传统的彻底断裂——尽管这一“断裂”的时刻被当前学界不断地推前了。如果这固有传统只是宋代以来的新儒学价值体系,那么中国近代史进程就常被简化为马克思所描述的“一切等级的和固定的东西都烟消云散了”。不过和西方前工业社会相比,新儒学既不是宗教体系也不是仅仅体现贵族阶级的价值观,而且明清江南已经孕育了资本主义萌芽,是世俗化和商业化的社会。这些都是后来中国近代化进程的历史前提。

中国近代史学论述虽然体现了黑格尔的目的论,却多把历史进程看成外来力量推动的结果,而非由内在动力驱动,这体现了西方工业文明对东方农耕文明的单向冲击和影响。近代中国并没有出现类似近代欧洲的宗教与世俗权力之间的斗争,也没有出现贵族与资产阶级之间的暴力斗争。近代中国的社会动荡多源于农民起义和军阀混战,这些都难以体现工业文明的现代性。除了工业化之外,近代中国又有什么彻底的变革呢?

近代中国只保留了清王朝辽阔版图的虚名,实际上是诸侯割据般的地方自治,由军阀和绅士阶层控制地方权力。这里没有出现一个阶级推翻另一个特权阶级的斗争,只有在中国共产党领导的农村革命根据地才有这样的斗争。城市中的知识分子和资本家虽然采用了一些西式意识形态和物质文化形式来表现其进步性,但是他们其实还是与旧式文人和商贾有着种种联系:他们仍然信奉着清朝洋务运动“中学为体,西学为用”的宗旨。

在晚清和民国时期,王朝时代的固有社会结构并没有烟消云散。当时的现代性似乎仅仅体现为被动地接受西方意识形态和工业技术,与之共存的是“千年不变”的封建传统。如果除了时局动荡之外,近代中国并没有类似近代欧洲的社会结构变革,那么以西方意识和技术为代表的现代性仅仅是表面现象,它其实隐藏着具有历史连续性的已有社会结构。这经久不变的社会结构体现为和西方工业文明形成反差的东方农耕文明,它其实在近代城市中和工业文明共存,吸收了现代资本主义经济,而并没有被后者完全代替。

欧洲中心论是关于古老东方文明和西方工业文明的二元论,它把中国的内地和沿海城市描述为落后和进步的对立。我们应该摈弃这种现代和传统的二元对立论,中国的现代性恰恰兼有这种二元性:它表现为不平衡的地区对立和碎片化的人文地理。这种现代性与西方的现代性其实具有一定的可比性。

中国传统社会有其自身的辩证矛盾,它其实孕育了现代世俗商业社会的种子。近代中国的现代性含有多种因素,传统的因素是其中一部分,和西方的影响共存。本章下一部分讨论唐宋以来中国传统社会的空间特征,并把它和现代都市空间的碎片性和不平衡性进行比较。

新儒学的空间秩序

唐朝末年到宋代的社会空间变革已经孕育了"现代性"的种子,即社会空间的世俗性和商业性。新儒学的推广造成了士大夫阶层的崛起,他们取代了以往的世家大族,成为帝王之外的统治阶层。同时,城市和区域经济有了较大的发展,特别是在江南地区达到了高度的商业化。新儒学此时成为统一中华帝国不同区域的重要意识形态。

新儒学不同于西方的宗教概念,也和中国的佛教和道教不同,它并不涉及神圣或"公共"的领域;换而言之,它没有明显地区分神圣与世俗的空间,也没有区分"公共"与"私密"的空间。新儒学旨在构建一个理想化的世俗家族空间,并为此编制了很多关于家礼的文件,在中华帝国的广阔疆域内推广礼教,使得家族社会结构经久不变,并成为中华文化的中坚。一个地方大户总是由高墙围合的庭院、门廊、厅堂、内室和走道组成，这样的家庭空间通常是所谓的“五代同堂”。家族里的出生、冠礼和婚丧等仪式都在高墙内举行。而在西方的任何时期，类似的仪式多在家庭外的神圣空间（教堂）或公共空间里举行。

新儒学的家礼其实也是“神圣”的。唐宋之前，只有世家大族才可以举行类似的仪式。随着这一阶级的衰败，新儒学把古老家礼推广到士大夫和地方乡绅家族。这样一来，任何有教养和富裕的家庭都可以举行家礼。这一发展比西方的资产阶级的崛起要早几百年。新儒学的家礼使世俗的家庭空间显得神圣，兼有公共和私密的双重特征。在围合的空间里强调父权，成年子女没有独立的私密空间，因为家族的兴盛高于个人利益——这也就是后来所谓的封建家长制的特征之一。

这样的家族空间是封建社会的细胞，同样的细胞组成了单一的社会形态。不同等级的社会组织，从地方衙门到中央朝廷都有类似于家族的社会结构和礼仪。家族关系也被应用到“公共”空间里：地方官叫父母官，君臣之间比作父子关系。朝廷也是皇家的，同样是高墙围绕的空间，皇家仪式只是由少数特权阶层来参与。从家族到朝廷的单一社会形态迥异于西方的前工业社会：后者是由具有不同社会结构的宗教阶层、君主和贵族阶层，以及世俗大众阶层来组成的。

单一连续的礼制社会格局是否在现代化的进程中受到冲击？近代中国的现代性是不是礼制社会格局的打破？按上文所述，现代性体现于资本主义的空间生产策略，一方面，它推倒所有的高墙壁垒来让资本、生产资料、劳力在区域之间自由流动；另一方面，它营造新的区域差别来给上述的流动带来动力。这样的现代性也出现在近代中国：单一社会格局和其中的高墙壁垒被打破。

社会格局的打破也导致了人与自然的对立，这也是公共空间和私密空间的对立。新儒学提倡的家族空间既不是公共空间，也缺乏私密性，它体现了天人合一的理念。与此相反，现代都市文化主要体现在市民的公共领域，是一个开放而没有界限的空间。[①]在这一领域里，社会行为是通过法律和道德来约束的，和围合的私密空间分开，这也就背离了天人合一的信条。

人与自然的对立也体现在城市和乡村的对立。新儒学构造的社会空间秩序是自然而有机的，以家族为社会细胞的村庄、乡镇、县城、省城乃至都城有类似的结构，形成西方学者所谓的城乡连续体(urban-rural continuum)。[②]近代上海成为现代都市，从这个连续体中脱离出来，和周围地区形成一定程度的对立。

近代上海的现代性打破了礼制社会的空间格局，这似乎是西方工业文明冲击中华帝国的结果。的确，西方殖民统治和经济在近代上海的发展中起了决定性的作用，不过这一复杂进程也含有本土社会的内在因素，特别是那些礼制社会之外的本土因素。

礼制社会之外

新儒学倡导的礼制社会只是中华文化的一面。泱泱中土实际上是由不同的宗教及地域文化组成的，每一个村镇也被高墙分割为不同的家庭，墙外的街巷就不算是礼制空间。佛教、道教和地方神灵的祭拜更能吸引没受过教育的市井大众，京城里也有很多佛寺和道观，皇帝的妃子和宦臣也有机会光顾这些场所。

就是那些学习四书五经的文人也常常出没于非礼制社会空

---

① 西方的公共领域(public sphere)起源于18世纪的启蒙运动，而在此之前的教会和君主王朝都是有界限的，不是真正的公共领域。Jürgen Habermas, *The Structural Transformation of the Public Sphere: An Inquiry into a Category of Bourgeois Society*, trans. T. Burger. Cambridge, Mass.: MIT Press, 1989.

② G. William Skinner, ed., *The Cities in Late Imperial China*, Stanford: Stanford University Press, 1977.

间。科举考试的层层选拔造就了极少数官宦之家，而更多文人学者为失败所困扰，有怀才不遇的心态。文人的矛盾体现在对官场的追捧而又厌恶，他们崇尚自然，兼容了佛教和道教的哲学思想。也有很多文人追求享乐，饮酒招妓，到南京赶考的科举考生就乘此机会光顾秦淮河畔的妓女画舫。明清江南的妓女文化把名妓比作文人的知己，间接批判了礼制家庭中缺乏情爱的夫妇关系。同时期的才子佳人文学描写了礼制社会之外的情爱故事，其中的佳人实际上就是自怜文人自我想象的物化。在现实中佳人就化身为名妓，在独立于礼制社会的商业环境里为文人和商人营造了一个“家外之家”。

明清江南地区虽然高度商业化，但是商人在礼制社会里仍然没有地位。他们漂泊在礼制空间之外的河流或街道上，他们的商业活动把诸多市镇联系起来，形成了和王朝行政网络并存的商业网络。他们保持着和家乡的联系，他们的会馆组织有着和家族祠堂类似的社会功能，效仿了礼制社会的结构，也和地方绅士和官府建立起关系。成功的商人最终多买地置业，购得绅士身份。商人可能比文人更乐于招妓饮酒，却不像后者那样为名妓吟诗赋文。

在文人、商人和妓女组成的商业社会里，礼制的社会秩序受到抵制但也被复制。代表性的非礼制空间有画舫、街巷、妓院等。在中国近代化的过程中，这些礼制社会之外的空间和人物起着重要作用。本书着重讨论类似的空间在近代上海的演变和生产，并以此来论证上海的现代性不是一个简单被动的西化过程。

颓废的消费文化和城市现代性

租界建立之前的上海县城已经有了较大的寓居商人社区，这些商人多来自广东福建一带。由于商业发达，城墙外形成了稠密的商业区，和城内的礼制空间格局形成对比。不过在 19 世纪初，城内外的商业空间和礼制空间相互渗透，它们之间并没有明显界线。城内的城隍庙就是一个大市场，附近的豫园原是潘家私产，在乾隆年间卖给商人组织，后来对公众开放。① 同时城外黄浦江上的妓女上岸营业，并进入城内。按晚清报人王韬记载，19 世纪 50 年代早期，上海的各等妓女散布在城内和城外的简屋以及黄浦江边的船上。② 由此可见，当时的寓居空间与城内的礼制空间形成相对平衡的布局。在租界建立之前，地方官员控制着这一平衡局面；在租界建立之后，这种平衡就失去了，寓居空间发展迅速，摆脱了礼制社会的压制而成为城市的主导空间。

租界的发展使上海的繁华达到了新的高度，也为寓居华人创造了一个国外之城，即当时所谓的夷场（后来叫洋场）。这夷场完全摆脱了礼制社会的控制，也是内战时华人的避难所。在这里，商人地位被提高，他们效仿西商和华人买办，声名显赫，不需要去购买乡绅资格。到了 20 世纪初华人资本家就在上海初具规模。

租界的繁荣吸引了内地的移民，他们来上海谋生，从事着从小贩到车夫的各种行业。其中也有科举不中的落魄文人，来沪鬻文为生，多从事由西人引进的报业。这些“新式”文人首先接触了西方意识形态，可谓是后来进步文人的先驱。

租界里的华人娱乐业鼎盛，所谓“长三书寓”的高级妓女是该行业的支柱。她们为寓居商人营造了一个似是而非的替代家庭空间，并很快成为城市中的明星和现代性的象征。妓女行业的兴盛也代表了礼制秩序在现代商业城市中的衰败。不过到了民国初年和“五四”时期，妓女又变成了落后的象征，是进步文化的反面。此时的民族主义革命意识已经展开了向封建礼制社会的攻击，颓

---

① 池志澂：《沪游梦影》，葛元煦，黄式权，池志澂：《沪游杂记 · 淞南梦影录 · 沪游梦影》，上海古籍出版社，1989 年，第 162 页。

② 王韬：《海陬冶游录》，虫天子编：《香艳丛书》，人民文学出版社，1992 年，第 20 集，第 5641—5643 页。

废的妓女文化和旧式文人也成了革命的对象。

在旧式文人和商人被进步文人和新型资本家所取代时，妓女也堕落为社会腐败的象征。长三书寓没有了往日辉煌，而几乎被等同于遍布街巷的“野鸡”。20世纪20年代的一位法国学者把这一发展描述为妓女“从荣耀的王位堕落到耻辱的座席”。① 在城市现代化进程中，长三书寓和普通妓女一样被认为是社会的罪恶，受到管制。正因为这些后来的发展，史学家才没有对晚清妓女文化予以足够的重视。

晚清上海的妓女文化其实是复杂而独特的。长三书寓不仅是上等的性交易品，她们也是娱乐明星和优雅文化的象征：她们为寓居者提供一系列服务，包括奏乐演唱和谈情说爱；长三堂子（即高级妓家）既是商业空间又类似私人住家，既真实又梦幻。在后来的现代化进程中，这些不同功能被分离开来：娱乐明星不同于性工作者，而梦幻的美丽影像也越发远离性生活。

妓女文化推动了城市消费娱乐文化的现代化进程。长三书寓率先采纳了西方物质文化，是城市新潮和时尚的表率；虽然她们后来沦落为性交易市场的一部分，她们在晚清媒体中的形象却是现代娱乐明星的前身。不过这种“进步性”不同于《马关条约》之后采纳西方意识的维新运动和民族主义革命。妓女文化处于晚清没落的时期，是一种颓废生活的文化，后来的革命文化有着本质的不同。

《马关条约》之前的光绪年间是近代中国的独特时期，在进步的政治意识和民族危机感到来之前，上海租界里的颓废妓女文化发展到一个辉煌的顶峰。近来学者多把晚清时期看作民国时期的前奏，重写鸦片战争以来的上海发展史。这一修正历史把新型城

---

① J. Lemière, “Sing Song Girl: From a Throne of Glory to a Seat of Ignominy.” *Chinese Journal of Science and Art*, no. 1 (1923), p. 126－134.

市文化看作是西方技术和资本作用于中国的产物，把晚清文化看作一种不完全和受压制的现代性，这种现代性在20世纪才有较完全的发展。① 与这种观点不同，本书把晚清城市文化看作另一种现代性的表率。这种颓废文化的现代性也表现为中西文化的混合。寓居文人、商人和妓女吸收了西式工业文化并把它转变为新的上海文化，而随后这种颓废文化又被进步的革命文化压制。本书旨在发掘和重现这种颓废文化，并以此来批判民族进步的史述。

晚清上海的城市发展已经打破了高墙围合的单一空间布局和城乡连续的地理形态，这一港口城市已经和内地形成对立。来自内地的寓居者和冶游客在此寻欢作乐，吸鸦片，吃花酒。这种颓废的生活方式并没有被民族危机感困扰，也没有被反帝国主义的革命思想批评。它更真实地反映了现代都市文化中的异化（alienation）过程，也就是生存意义的匮乏和居民的疏离感，它也体现了资本主义空间生产的随机性。

本书旨在通过描述上海城市空间的生产来解释这种颓废的现代性，这种研究方法与用新的（西式）时间概念来解释近代中国的现代性的方法形成对比。城市空间的现代性表现为寓居者关于家庭、城市和故乡的新概念和新想象：一种基于他们新物质生活体验的空间想象和人文地理。

---

① 例如王德威提出的“没有晚清，何来五四”。David Der-wei Wang, *Fin-de-siècle Splendor: Repressed Modernities of Late Qing Fiction. 1849–1911*, Stanford: Stanford University Press, 1997.

第二章　商业出版和寓居文人

如上章所述，新儒学所构造的家族、乡村和城镇形成了有机连续的社会空间。这是一种理想化的意识形态，一种想象的人文地理。如此的空间想象反映在历史文献中：不论是四书五经还是笔记小说，都缺乏具体地点和时间。直到西人引进现代报业，特定而真实的地点和时间才成为故事或新闻的必须前提。

本雅明指出，现代出版业的崛起使得新闻（信息）和小说成为主导的传媒方式，它们取代了传统的说故事艺人。[1] 后者的叙述多是传说，没有确定的时间和地点，故事会重复出现；而工业文明的信息和新闻都有具体的时间和地点，这些是确认其真实性的前提。所有新闻的时间和地点在一起就构成了一个全球性的时空——这是资本主义生产和贸易的基础。这个时空结构就像一种新自然，一个以机器为主导的新自然。机器生产首先带来印刷业的革命，这是现代报业在上海诞生的前提。

在近代中国，现代工业文明的到来打破了旧礼制社会的时空布局。这一发展不仅体现在物质和地理空间的演变上，更体现在对新的从城市到国家的空间布局的文学表述上。后者的前提是新的新闻出版业的城市文学。“五四”运动以来的新文化运动就彻底打破了以礼教为主导的社会文化，而在此之前的晚清时期，上海的商业出版已经产生了新的城市文学，打破了礼制的时空概念，构

---

① Benjamin, *Illumination*, p. 83 - 109.

造出以城市为中心的新时空概念。

这一"文学运动"由中国旧式文人和西方出版商"合作"发起：西商引进了商业出版机制，而受过传统儒学教育的文人则借助这一机制把明清笔记文学和民间的竹枝词等一些次要文学形式发展成新城市文化的主导文学形式。

租界的新闻业

西方出版业在中国的最初发展是由基督教传教活动引进的，19世纪传教士在马六甲、广州和澳门出版了最早的中文期刊。传教士乘坐殖民者的商船而来，但是殖民资本主义的发展比传教活动更有力地改变了中国的出版业。

在现代报业传到中国之前，地方的新闻大多是口头传播。有突发大事件时，有人会用单张的"新闻纸"在街头叫卖。[①] 明清朝廷也定期发布《京报》，刊登圣旨和官府信息，与面向大众的现代报纸不同，只有少数人才能解读这些信息。

殖民资本主义的发展要求商人及时获得世界各地的最新信息。在上海的中外商人都要了解政府信息和地方风俗，这样西方报业就被引进。商人奚安门（Henry Shearman）在上海创办了《北华捷报》（*The North China Herald*, 1850）和《字林西报》（*The North China Daily News*, 1864），以及中文报纸《上海新报》，后者由懂中文的传教士来编辑。英国教会的墨海书馆（London Missionary Society）雇用华人学者来从事翻译出版工作，例如王韬就协助麦都思（Walter Henry Medhurst）等翻译《圣经》，他的工作受到西人的监督。《新报》也雇用华人，外籍编辑并不作文，只是把故事交给华

---

① Roswell S. Britton, *The Chinese periodical press, 1800－1912*, Shanghai: Kelly & Walsh, 1933, p.5－7.

人助手来撰写;报纸选登《京报》和《字林西报》的内容,也有一些宗教内容。①总体来说,《新报》是洋人的报纸,旨在教导开化华人,这种傲慢的态度不受华人读者欢迎。很快它就被更能迎合华人口味的《申报》取代了。

《申报》由英国商人美查(Ernest Major)在1872年4月30日创办。美查及其兄弟在19世纪60年代来到上海,从事茶业贸易和化工,后来听从其买办陈辛庚的建议从事中文报业。美查是一个务实的商人,广交华人朋友,他看到上海有巨大的华人读者市场,就把《申报》办成华人自己的报纸,由华人编辑和撰稿。早期的《申报》沿用了华文书刊的装订形式,共八页:首页登社论文章,讨论和上海居民有关的地方问题;随后是当地和外埠的新闻;第五、六页选登《京报》内容;第七、八页登商业广告。《申报》也选登通俗文学作品,比如读者投稿的竹枝词。

《申报》的读者主要是受过教育的文人,美查在1876年又创办《民报》来吸引更广泛的读者群。申报馆也从事更广泛的出版业务,比如发行了文学杂志《瀛寰琐记》《四溟琐记》和《环瀛画报》。②《环瀛画报》引进了西式图文和石印技术,只出了五期,刊登西人描绘的世界景观和奇迹。美查在1884年创办了《点石斋画报》,每月出三期,夹在当日的《申报》中赠送读者。他还雇用了一批华人画家,这些画家多是通俗画匠,他们模仿西方的铜版画,局部采用了阴影和透视等西方绘画技术。其中通俗画家吴友如的城市景观和人物作品最为出色,影响了后来的上海通俗画。《画报》内容兼有新闻和神奇传说,并以传统的线描形式表现,深受读者喜爱。《画报》从1884年创办到1898年停刊,共发表了四千多幅图画新闻,内容涵盖上海及周边地区,也有海外

① Britton, *The Chinese periodical press*, p.49 – 50.

② 徐载平,徐瑞芳:《清末四十年申报史料》,新华出版社,1988年。

奇闻。《申报》和《点石斋画报》的成功得益于美查创立的经营模式,即由华人操作的西式出版业。这一模式造就了出版业在晚清上海的崛起。

城市文学和冶游指南

随着晚清上海出版业的兴盛,体现寓居生活的城市文学也出现了。这些文学作品多描写租界新景观和娱乐文化。王韬的《海陬冶游录》写于咸丰末年(19世纪50年代末),可谓是这一城市文学的肇始。该书记录了作者光顾当地妓家的亲身经历,是从明清江南文学到上海冶游文学的重要过渡作品。① 后来王韬避难到香港,又通过朋友来了解"海上烟花世界",续写了《海陬冶游录附录》和《海陬冶游录余录》,并写了新作《花国剧谈》,这些作品是上海妓女文学的肇始。② 到了光绪年间(19世纪70年代及以后),以妓女为中心的娱乐文化已经非常发达,黄式权的《淞南梦影录》和池志澂的《沪游梦影》为此提供了最新的描述。

同时更实用的城市文学也出现了。杨静亭编的《都门纪略》是1864年出版的北京城市指南,发行非常成功,受到旅居北京的商人欢迎。葛元煦效仿《都门纪略》编纂了《沪游杂记》,1876年出版,这是上海的第一本城市指南。该书汇集了157条城市新景象和新名词的释文,并附有竹枝词汇编,还有商店、商行名目等,这成为以后城市指南的编辑模式。1884年申报馆出版了图文城市指南《申江胜景图》,共上下两卷,刊登了吴友如描绘的62张城市景观图,每图配有一首诗词。以往这类诗词都是歌颂

① 王韬:《海陬冶游录》,见《香艳丛书》第5633—5684页。

② 王韬:《花国剧谈》《海陬冶游录附录》《海陬冶游录余录》,见《香艳丛书》第19集,第5247—5318页;第20集,第5685—5785页,第5787—5810页。

自然景观的，这里却是赞美城市景观，包括传统园林、西式洋楼、工厂、马路、戏园、妓院等，有些图像在之后出版的城市指南中常常被复制重印。①

19 世纪末的城市指南数目繁多，大多是书商汇集重印的一些时文、竹枝词和图像，如 1894 年出版的《申江时下胜景图说》。②也有专门介绍妓院的冶游指南，如 1892 年出版的《海上青楼图记》和 1895 年出版的《新辑海上青楼图记》③。这些旨在盈利的商业出版物大多翻印了早期冶游指南中的内容，这就造成了此后半个多世纪出版的冶游指南的内容变化不大。但是这并不一定证明妓女文化在这段时间没有变化，事实上，民国时期出版的指南对晚清时期有怀旧情绪，认为晚清是妓家的黄金时期。不过这种怀旧本身就是对晚清作者怀旧思想的继承和抄袭，因为晚清的妓女文学也怀念更早时期的妓家。

这种怀旧其实表明了冶游指南和妓女文学的另一功能：为读者提供一个不同寻常的城市想象；旧的想象可以被抄袭复制，像商品一样卖给新的读者大众。这样的商业出版物到了民国时期就不一定是真实的史料，冶游指南的内容混杂，既有实用功能又有梦幻想象；它们卖得很便宜，很多没钱去招妓的寓居者也会从中得到想象的乐趣。城市指南营造了一个充满神奇想象和诱惑的上海乐土形象，这其实要比引诱城市居民去光顾妓家更为重要。冶游指南的内容没有变，其功能却随着读者的演变而变化。

晚清也出现了描写妓家每日生活的小说，也就是鲁迅所说的狎邪小说。1894 年出版的《海上花列传》开创了妓家小说的新写

① 吴友如绘：《申江胜景图》，申报馆 1884 年石印版。见图 58，63，77，90。

② 梅花盦主编：《申江时下胜景图说》，1894 年石印版。

③ 花雨小筑主人编：《新辑海上青楼图记》，1895 年石印版。见图 24。

法，与明清的名妓文学不同，它更真实地展现了海上寓居者的每日生活。[①] 此后上海的妓家小说多模仿《海上花列传》，只是更揭露妓家中邪恶一面。这些小说同时也展现了梦幻的城市想象，这种文学表现虽然没有冶游指南那么直接，却更为细腻并更具有说服力地展现了妓家的日常生活。

晚清上海的画报、指南和小说都是商业出版机制下的新产物。在这种新机制下，受过礼制教育的旧文人演变为城市里的薪水文人。文人写作的商业化恰恰体现在新冶游指南对旧指南的抄袭和复制，不过被抄袭的文人怀旧已经改变了意义。比如早期的王韬在咸丰末年对上海妓家的叙述是自己的经历，不仅记载了名妓旧事，也反映了当时的战乱时局。而后来的冶游指南编著者不详，所记载的妓女小传堆砌了各种实用信息，比如妓女的年龄和特长等，以供冶游者参考。王韬的作品在创作多年后才发表，而冶游指南则由书商即时发行销售。尽管这些后来的指南采用传统文言形式刊登怀旧内容，但它们已经是现代商业出版物了。虽然它们不一定真实地记载了当时的妓女，但如实地反映了从旧文人到新文人、从旧读者到新读者的转变。

书中所描写的妓女实际上是一种想象和比喻，反映了男性作者的自我。旧式妓女文学其实批判了礼制社会对性爱的压迫，妓女是才子（即旧式文人）的知己，而在上海冶游文学中，新式妓女成为商业社会的"代言人"。前者是短暂人生和恋爱的比喻，后者却表现了商业社会中赤裸裸的金钱关系。旧式文人的自怜恰恰体现在他们多把自己比作多才多艺却备受欺凌的"佳人"，而事实上现代商业城市中鬻文为生的作者也跟当时的妓女一样，沦落为出卖劳力或肉体的都市人。

---

① 小说在当初发行时为公众所忽视，直到20世纪鲁迅和胡适才把它看作杰出作品。

王韬与妓女文学

从事出版业的西人,不论是美查还是传教士,都依靠中国文人的帮助来开展业务。这些旧式文人多是科举落第者,在夷场鬻文为生,他们的生活方式和传统价值观形成矛盾。不过租界容许他们表达不同的观点,享受并倡导新的城市文化,他们不同寻常的生活方式反映了新城市环境中的文化变异。

王韬是最早来到租界谋生的文人,受雇于英国传教士开办的墨海书馆,这一工作经历对他后来改革思想的形成有着至关重要的作用,但是中国文人价值观与西方宗教之间的矛盾深深地影响了他的生活。他的日记和墨海书馆档案记载着他在1854年接受洗礼而成为基督徒,不过他在公开发表的作品中从未提到这一点,而是一直强调孔夫子的哲学思想。另外他时常光顾当地妓家,这种生活方式也与基督教教义相悖。

这样的矛盾使王韬感到文化的变异,他觉得自己是一个为洋人服务的工匠。事实上他继续在墨海书馆工作仅仅是因为要养家糊口,他定期把工资汇给江苏老家的妻子和儿女。① 王韬感到很失落,因为他的工作与文人的理想相差甚远。礼制社会的文人理想是《大学》中所说的"齐家,治国,平天下"。王韬因为工作而远离家乡,这不是"齐家",他又不能科举中第而参与"治国"。不过在太平军占领江南和第二次鸦片战争爆发时,他认为以自己为洋人工作的经历可以为国效劳而"平天下",他向清军和太平军的将领提出各种建议,希望被采纳。最后清军查到他写给太平军将领

① Paul Cohen, *Between Tradition and Modernity*: *Wang T'ao and Reform in Late Ch'ing China*, Cambridge MA: Council on East Asian Studies, Harvard University, 1974, p. 14.

的一封信,要查办他,这迫使他离开上海到香港避难。①

王韬的私生活弥补了他在事业上的失落感。他和两个朋友(李壬叔、蒋剑人)常常结伴到上海县城里的妓家去饮酒,被当地人称为"三异民"。② 当时的租界还没有妓院和其他娱乐场所,但是在小刀会起义一度占领县城之后,租界里有了华人街区。此时的王韬怀念早年县城里的妓女,回忆了这些经历,写成第一部关于上海妓女的作品《海陬冶游录》。王韬在1860年为该作写序言,回忆七年前撰写此书时的情形:

> 癸丑(1853—1854)之冬,杜门养疴,追念前游,援笔以记。其时赭寇纵横,金陵陷没,珠帘碧瓦,荡作飞灰,舞袖歌裙,惨罹浩劫。而此间亦烟沉雨坠,月缺花残,人往时非,哀多乐少。迨乎贼去城空,春回燕至,旧巢已换,香梦难寻。叹生死之无间,嗟漂泊于何所。凄迷烟月,谁解伤心。而装点池台,复开艳窟。曾几何时,城中已复旧观。城外环马场左右,又成妓所矣。惟是良辰难再,美人不来。时局苍凉,消息茫昧。今过其地,则故钉犹在,檀点依然,芳树鸟栖,画纱萤点。乱冢荒堤,今日粉影脂香之地;颓垣败壁,昔时灯红酒绿之家。③

这一衰败景观其实反映了王韬在事业上的失落感,他把城市看作圣贤已经不在的新世界。当他在写这篇序言时,租界已成为战乱时华人避难的繁华市井,新型妓家也出现了。王韬批评这些妓家及其客户:

---

① Cohen, *Between Tradition and Modernity*, p.26 - 31, 35 - 44.

② 黄式权:《淞南梦影录》,见《沪游杂记·淞南梦影录·沪游梦影》第130页。

③ 王韬:《海陬冶游录》,见《香艳丛书》第5638—5639页。

> 今一城斗大，四海氛多。既无赵李名娼，又少崔张侠客。染黛研朱，乐义变相；坠鞭投辖，猾虏争豪。未闻金屋之丽人，能擅玉台之新咏。矧又不能抽白刃以杀贼，取谥贞姬；着黄袍而参禅，证名仙籍。绮罗因之减色，脂粉于焉为妖。①

王韬觉得自己被遗弃到这海陬一角，只能通过写作来"永既去之芳情，摹已陈之艳迹"。虽然无法找回旧时相好，他却可以通过写作来重温那摧残她们的时代潮流，并以此来重燃自己已经雄心不再的生命火花。在这战乱时节，贤圣和侠客的旧日已经不再，而早年的妓家也无处可寻。王韬似乎把圣贤与妓女等同起来，这一跨性别的比照表明：传说中的圣贤实际上沉淀了神话般"母性男人"（maternal male）的想象。② 在没有雄心壮志的文人心中，沉淀母爱的圣贤已经逝去。王韬正为此而悲痛，为了减轻痛苦，他似乎潜意识地把这一悲痛转变成对早年妓女消失的哀叹。正因此，他对妓女的追忆荀延着他对圣贤侠客理想的追随。

如同传统文人，王韬的写作是为了表达自我而不是鬻文为生。他的作品不是为特定读者而写，该序言道："或观此篇者，遂以为此间佳丽，何异迷香，此处笙歌，正堪荡魄，则未识余心者耳。"③

王韬后来的妓女文学作品是光绪年间在香港写成的，包括《海陬冶游录附录》《海陬冶游录余录》和《花国剧谈》。它们收集了关于上海新妓女的小故事，大多带有虚构的成分，作者的意图正如《花国剧谈》序言中所述："为南部侈繁华，为北里表侠烈，其事则可惊可愕，其遇则可泣可歌，宜汇一编，以传与世。"④该序言与《海陬冶游录》的序言不同，没有表达作者的伤感和消沉，而是褒扬妓

① 王韬：《海陬冶游录》，见《香艳丛书》第5637页。

② Walter Benjamin, *Illumination*, p. 103 - 104.

③ 王韬：《海陬冶游录》，见《香艳丛书》第5639页。

④ 王韬：《花国剧谈》，见《香艳丛书》第5247页。

女文学:“不知西曲繁华,无非元气;东山妓女,亦是苍生。彼之记教坊而志曲院者,畴非唐代之名臣欤?”王韬在序言中用历史上的先例来为自己通过他人收集故事的做法辩护。如此的作品显然是为某些读者而编,王韬劝诫读者道:“则以花国剧谈为苦海之航也可;为愁城之筏也,亦无不可。”①

新文人和城市文化

美查开办《申报》后立即遣送王韬在上海的友人钱昕伯到香港向王韬学习办报。王韬在离开上海前曾把女儿托付给钱昕伯照顾,后来钱昕伯娶了她。可能就是钱昕伯为在香港避难的王韬提供了上海妓家的各种故事,两年后,钱昕伯回到上海,成为《申报》的新主编。

这时王韬所描写的海陬已经成为繁华的都市。新一代文人多为申报馆工作,已经适应了商业出版和新闻写作,并没有早期王韬的失落和疏离感。但是他们还是没有放弃儒家的价值观,比如《申报》最早的主笔之一蒋芷湘在职十二年中还在力求科举中第,并在获得进士后辞职而去。其他主笔包括何桂笙和黄式权,后者被认为是许多《申报》社论文章的作者。他在甲午战争后的十年中担任《申报》主编,发表了很多反对维新派的保守观点。② 正是因为他们保守的政治观点,历史学家把这些文人看作王韬之后和梁启超之前的一些次要历史人物。不过他们新型职业人的身份却被当时真正的保守官僚看作背叛儒学传统的一群“文痞”。事实上,他们的工作对后来的改革派有重要的影响,而他们既保守怀旧也赞扬新的工业文化。

---

① 王韬:《花国剧谈》,见《香艳丛书》第5249页。

② 徐载平,徐瑞芳:《清末四十年申报史料》,第24页。

申报馆的文人及其朋友形成了一个较大的社交圈。这些友人常常为朋友之书写序,互相引用句章。清代著名诗人袁枚之子袁祖志寓居上海,在四马路西段一茶楼创建诗社,名曰“杨柳楼台”,邀请文人吟诗,“一时珠玉纷投,多至千百家”。① 他编订的《海上吟》中的竹枝词可能就是这样征集得来的。袁祖志朋友很多,社交繁忙,其笔名“仓山旧主”常常出现在此时的文人作品中。他为《沪游杂记》撰写的序言中提到他也想写一本类似的书,却因事务繁忙而无法完成。他广泛的社交圈可能包括了很多寓居上海的商贾,文人和官员。

王韬早期作品对黄式权颇有影响,后者的《淞南梦影录》赞扬城市奇观并描述了各种娱乐空间,如同梦境一般。何桂笙为该书写序道:“以非梦为梦,以无影为影……以为梦,则其事皆信而有征也;以为非梦,则其情又若迷离惝恍也。”②这些文人把城市中的每日生活比作梦境,似乎仍旧体现了庄子的哲学。他们享受都市生活,光顾各种娱乐设施,并饮酒吸鸦片,确实过着如梦般的生活。

他们并没有像早期租界里的王韬那样感到失落。此时的租界更加商业化,旧时的圣人和侠客已经完全消失(而新的改革派或革命党还没有到来)。与王韬不同,这些新文人并没有为此而忧伤。他们的生活和梦想代表了新的城市精神,他们也对新的文人职业感到满意。尽管远离了旧式文人的理想,他们仍然用怀旧想象来装点其颓废的生活方式,比如把新型妓女比作旧式名妓,称她们为“校书”或“词史”。他们所描写的妓女也和早先王韬所记载的妓女很相似,都被用来填补圣贤已逝的空缺。不过这些妓女并非王韬所说的“已陈之艳迹”,她们就在城市中,而这些文人就是她们的顾客。

---

① 黄式权:《淞南梦影录》,见《沪游杂记·淞南梦影录·沪游梦影》第122页。
② 黄式权:《淞南梦影录》,见《沪游杂记·淞南梦影录·沪游梦影》第96页。

当时的商人在上海有较高的社会地位。他们需要展示他们的新贵形象,于是就成为妓女的新"护花者"。新型文人和商人新贵常常一起在妓院里饮酒,或成为朋友。文人为了捍卫其文化地位,就批评为商人服务的妓女,认为她们失去了传统才艺;他们更是抨击为工薪阶层服务的各种低等妓女。他们对新型妓女的鄙视也许是因为无法接近她们:他们理想中的"佳人"其实已经抛弃他们而去为更富有的客人提供服务。

妓家是要盈利的商家,从来就不是文人怀旧的场所。文人把妓女理想化的词汇,比如"校书""词史""教坊"等,根本就没有在妓家的日常生活中被使用。妓家有自己的一套通俗商业术语:比如两种不同收费标准的妓女名称"长三"和"幺二"是从牌戏术语中借来的。还有"叫局""打茶围"(详见第三章)等新术语常常让城市指南的作者感到困惑,不知道它们的来源。城市指南详细解释这些词汇,也因此使妓家的营业更为标准化。这些指南虽然没有署名作者,但也是新文人所写,这表明某些文人已经用日常语言(即白话)写作。上述的《沪游杂记》就是用此类语言写成的。

文人作品与商业出版物之间的语言差异体现了传统文化和现代商业出版之间的矛盾。文人报人鬻文为生,就像妓女一样要在市场上生存,要迎合大众读者市场的需要。

韩邦庆及其作品

《海上花列传》作者韩邦庆是这些文人中一个极不寻常的人物。他比其他人更清醒地把妓家梦幻生活表现为"非梦",即真实的日常生活。从 1887 年到 1890 年,他用笔名"大一山人"或"太仙韩奇"在《申报》上发表了一些文章,论述吸鸦片、交友以及其他时事。1892 年的《申报》刊登了韩邦庆编的文学杂志《海上奇书》的广告:

> 《海上奇书》共是三种，随作随出，按期印售，以副先睹为快之意。其中最奇之一种名曰《海上花列传》，乃是演义书体，专用苏州土白演说上海青楼情事。其形容尽致处俱从十余年体会出来，盖作者将生平所见所闻，现身说法，搬演成书，以为冶游者戒，故绝无半个淫亵秽污字样。至于法绘精工、楷书秀整，犹为此书余事。①

该杂志发行了14期就停刊了，这14期主要刊登了《海上花列传》的前28回，杂志的其他内容是用来填空和陪衬的。《海上花列传》全书共64回，在1894年出版，也由申报馆发行。同年作者逝世，年仅39岁。

韩邦庆对"奇"的追求或许受到当时新闻报道的影响，《申报》和《点石斋画报》就常常报道离奇的故事，申报馆也重印了很多旧式小说和传奇的话本。但是在《申报》文人圈中，还没有人去写白话小说这种大众文学。韩邦庆可谓是这群边缘文人的边缘，他创新地运用白话和上海方言（即吴语）来展现上海的城市奇观。

小说用白话叙事而人物对话全用方言表达，这更丰富地展现了角色的细腻情感。与主流的妓女文学相比，小说所描述的妓家并不是理想化的浪漫豪华世界。小说缺少突出的中心人物和线索，其众多角色和复杂情节交织在一起展现了具有真实情感的妓家生活。只有细心而又耐心的读者才能在小说的叙述和对白中发现许多隐藏的情节发展。运用这种真实性的描述，小说展示了另一种城市图景，它与当时新闻报道和冶游指南中的城市景观形成对比。

小说的开篇沿用了说书人把故事当作自身经历来传世的叙事

---

① 《申报》1892年2月4日。

方式，说明作者是“过来人”，按自身经历写成此书来劝诫读者：

> 只因海上自通商以来，南部烟花，日新月盛。凡冶游子弟倾覆流离于狎邪者，不知凡几。虽有父兄，禁之不可；虽有师友，谏之不从。此岂其冥顽不灵哉？独不得一过来人为之现身说法耳……苟阅者按迹寻踪，心通其意，见当前之媚于西子，即可知背后之泼于夜叉；见今日之密于糟糠，即可卜他年之毒于蛇蝎。（1.279）①

这样的劝诫读起来像是礼制教条，不过小说并非谴责妓家的旧式文学，而是充分展示了初具形态的都市文化。作者把奇观写在寻常家景中，梦幻和生活的相互交织，也揭示了其中的险恶：

> 所以花也怜侬实是黑甜乡主人，日日在梦中过活，自己偏不信是梦，只当真的，作起书来。及至捏造了这一部梦中之书，然后唤醒了那一场书中之梦。看官啊，你不要只在那里做梦，且看看这书倒也无啥。（1.279）

什么是“书中之梦”？是不是科举中第而官运亨通？是不是旧小说中的才子佳人？是不是冶游指南中的城市奇观？通过描写妓家中的真实生活，韩邦庆打破了当时关于妓家的梦幻描述。通过展示妓家的糜烂生活，他打破了文人的怀旧梦和读者的都市梦。这是不是作者自己在妓家中亲身经历的真实写照？

韩邦庆自己的经历也是在梦幻生活中的清醒。他出生于松江府的娄县，幼年随父居住北京，后南归考取秀才，但屡次考举人不

---

① 韩邦庆：《海上花列传》，慕仙真人，韩邦庆：《青楼宝鉴》，华夏出版社，1995年，第1章，第279页。本书用（1.279）形式表示对应章与页码，后文相同，不再出注释。

第。曾任幕僚，终因性格不合而常年寓居上海。按他的友人“松江颠公”后来回忆：“他与《申报》主笔钱昕伯、何桂笙诸人暨沪上诸名士互以诗酬唱，亦尝担任《申报》撰著；顾性落拓不耐拘束，除偶作论说外，若琐碎繁冗之编辑，掉头不屑也。与某校书最匿，常日匿居其妆阁中，兴之所至，拾残纸秃笔，一挥万言。”①韩邦庆就是在此时写成了《海上花列传》。

韩邦庆在上海的经历和以往隐退官场的旧式文人的生活不同，后者多归农或隐居山林，而韩却在新型都市中生活，他在《申报》上发表短文《乐说》道：

> 言乎天，不必天朗气清、惠风和畅而后乐，虽萧条惨淡无伤也；言乎地，不必茂林修竹、清流激湍而后乐，虽湫隘嚣尘无伤也；言乎人，不必群贤毕至、少长咸集而后乐，虽鄙琐龌龊无伤也。②

这确实是他生活的缩影：疏离的城市，嘈杂的妓家，还有各种背景的朋友。他在另一篇《申报》文章《论交问答》中写道：“三五年来，其愿与予为友而予亦能举其姓名者，又五百余人。”③显然这些朋友中，除了一些文人外，主要是“鄙琐龌龊”之辈。这些都可能是他在妓家中饮酒结识的，就像小说中的各等人物在妓家的酒局中相识结交。如果小说确实是以他的十年生活经验为基础，这一生活体验主要是和当地商人的交往，而不是仅限于《申报》的文

---

① 胡适：《海上花列传序》，韩子云著，张爱玲译：《海上花》，皇冠出版社，1983年，第9—10页。胡适是引用了刊登在1926年2月《小时报》署名为“松江颠公”的一篇随笔，题为“《海上花列传》之著作者”。

② 方迎九：《韩邦庆佚诗佚文钩沉》，《明清小说研究》，2002年第2期，第231页。原文载《申报》，1888年6月20日。

③ 方迎九：《韩邦庆佚诗佚文钩沉》，《明清小说研究》，2002年第2期，第236页。原文载《申报》，1889年11月20日。

人圈。

通过详细解读这部小说,本书下一章将展示不同于冶游指南或文人笔记中所描述的妓家生活场景。

第三章　晚清妓家:替代家庭与物质文化

自清光绪初年(19 世纪 70 年代初)起,华人商贾云集上海租界,这里是他们所谓的“夷场”,没有传统礼制社会权力的压抑。华洋杂居促进了租界繁荣,虽然除了贸易之外中西社区缺乏直接的交流,寓居华人还是主动采纳了舶来的新物质文化。和新式文人一样,寓居商人沉醉在夷场奇观中,并以此来减轻他们的乡愁。他们的梦幻生活大多是在高级妓家中,也就是所谓的“长三书寓”。妓家成了他们的“替代家庭”:既复制了传统家庭又是对其的反叛。传统大户的家庭空间没有现代核心家庭的私密性,但它也不同于公共空间。它既是礼教空间又是世俗的生活空间。它以父权为主导,确立家族的社会地位和经济实力,而忽略了个体的私密空间。

上海妓家本质上的公共性和商业性与其所营造的家庭性私密空间奇妙混合。小说《海上花列传》展示了妓家的日常生活,它和传统的家庭模式具有一种形式上的相似:固定独立的居所,“妻子”、妻子的“母亲”、妻子的“姐妹”,房子里的人称狎客为“老爷”,仿佛他是这家里的主人;但同时,这种模拟出来的家庭关系又是暂时的、不稳定的、商业性的。通过解读这部小说,本章将展示晚清妓家的社会关系和物质文化。

商人的寓所

上海租界很少有传统的大户人家,居民多是远离家乡的寓居客。因为房租昂贵,他们大多租用很小的商住空间作为临时的寓所。小说中的商人和小店主大多没有真正的居家,却在妓家中消耗大量的时间和金钱。永昌参店的主人洪善卿就没有另外租屋,他多睡在店中,或者是到相好妓女周双珠的家中,他的闲余时间多在不同的妓家中和朋友饮酒寻欢。彩票店店主陈小云在店里的楼上就寝(11.328)。类似的小店主多把店面用作临时的寝室,积攒金钱为将来购屋置业。

很多寓居者是巡游商人,比如小说中的李实夫和李鹤汀,他们住在客栈里,也乐于和朋友饮酒招妓。初到上海寻找机会的赵朴斋和张小村就住在宝善街(今广东路一带)的悦来客栈中(图1)。

图1　朴斋诺诺连声,趋前引路,却不往悦来栈,直引至六马路一家小客栈,指道:“就来里该搭。”善卿忍气进门,向柜台上查问。(《海上花列传》,1894年石印版,第24回)

小说中的富商如王莲生、姚季莼和钱子刚有体面的公馆,挂牌公示,兼有办公和居住的功能(图2)。传统乡绅大宅也兼有办公和居住功能,不过上海商贾的公馆较小,更商业化。因此他们寻求更私密的空间,公馆里的妻室也不能阻止他们去妓家寻欢作乐,有些商人甚至招妓到自己的公馆里(图3)。

图2 莲生迳归五马路公馆,坐在楼上卧房中,写两封应酬信札……莲生低下头只顾写,小红颤声说道……莲生正待回驳,来安匆匆跑上,报说:"洪老爷来。"(《海上花列传》第34回)

图3 翠凤随着,下楼登轿,径至后马路钱公馆门前停下。望见客堂里灯烛辉煌……及进去看时,方知为碰和的便夜饭……黄翠凤生恐代酒,假作随喜,避人左厢书房。随后钱子刚也到书房里,向上手躺着吸烟。(《海上花列传》第22回)

小说中两位文人高亚白和尹痴鸳借住在一个富商家中。而实际上当时文人和报人的居住条件很差,申报馆的员工就集体住在报馆里,据《申报》老报人雷瑨回忆:

当时《申报》房屋本甚敝旧,唯西人办公处,尚轩爽洁净。若吾辈起居办事之室,方广不逾寻丈,光线甚暗,而寝处、饮食、便溺,悉在其中。冬则寒风砭骨,夏则炽热如炉。最难堪者臭虫生殖之繁,到处蠕蠕,大堪惊异,往往终夜被扰，不能睡眠。①

文人要逃避如此恶劣的住所，大多是到妓家饮酒寻欢，所以他们乐于评鉴妓女，写下许多关于妓女的笔记和诗篇。

上述的店铺、客栈和公馆都很难算作真正的家，或许因为它们都缺少了一个女主人。而小说却用“妓家”一词来描述长三书寓的经营场所：客人把他常去的妓家叫作“某某家”。妓女也希望她的经营场所真得成为他的家，他会经常回来。客人告别时，相好妓女会问他要去哪里，还要他尽快回来，就像是回家一样。客人在他的相好妓女的房间里消耗时光，正像小说作者韩邦庆躲在妓女闺房里来写作一样（见第二章）。

朋友寻找某个商人，首先会到他的相好妓女处找他。于是妓家就成了寓居商人的临时家庭，它既取代了他们留在家乡的亲人，又是与内地大家庭不同的新欢所在。在租界里，妓女和客人一起营造了这个临时家庭，他们在这里“攀相好”又结交朋友。对客人来说，妓家既是他们的私生活空间，也是他们摆宴席的社交空间。

各种妓家

妓家其实也兼有居住和商业功能，妓女的名牌挂在妓家和街巷的入口处，就像商业标示一样：顶级妓女在名字后加书寓二字，稍次的妓女叫长三，在名字后加寓一字（图4）。到了清末长三和书寓已经没有区别。妓家叫寓（临时居所），似乎可以与富商的公馆相当。它就像私家住所一样，不接待陌生客人，新客必须有熟客

---

① 雷瑨：《申报馆之过去状况》，胡适等：《最近之五十年：申报馆五十周年纪念》，上海书店出版社，1987年。

介绍才得入内。

次等妓女幺二的经营场所叫某某堂。幺二堂子一般规模很大，有三五十个妓女，没有“小家碧玉”的环境，称作是妓院更为恰当。入口挂红灯笼，生客熟客一样可以进入，即有多名妓女相迎，任凭挑选（图5）。

图4　莲生答应下楼，并不坐轿，带了来安出门，只见一个小孩子往南飞跑，仿佛是阿珠的儿子，想欲声唤，已是不及。（《海上花列传》第24回）

图5　在聚秀堂里，不意老包陷入重围，被许多倌人、大姐此拖彼拽，没得开交。（《海上花列传》第48回）

此外还有所谓“住家”妓女，次于长三书寓，但又不像幺二堂子那样大规模，通常只有一两名妓女自己经营接客，没有鸨母。有的住家按幺二妓女的标准收费，叫幺二住家（图6）。

在租界的商业化过程中，家的概念发生了变化：长三书寓、住家，甚至幺二堂子成为寓居者和冶游客的替代家庭。礼制社会的大家庭围合空间基本上消失了，取而代之的是散布在城市各个角

图6　流妓拉客:居安里的住家妓女到街上拉客。(吴友如等绘,张奇明编:《点石斋画报:大可堂版》,上海画报出版社,2001 年,第 3 册,第 299 页)

落的店铺、公馆和妓家。于是工作、休息、娱乐等空间被分离了。妓家的兴盛促进了这一新都市空间格局的形成,但是它同时又试图重建寓居者已经失去的内地家庭。

“替代家庭”的成员和关系

妓家为寓居者营造了一个似是而非的家庭,借用了传统大家庭的形式。妓家一般由老鸨经营,她就像管理自己家庭一样来管理妓女和佣人。妓女叫老鸨“无母”(母亲),是老鸨的讨人,新买来的讨人要改姓,取新名,成为鸨母的养女,和其他妓女姊妹相称(图 7)。佣人也被称作家里人,已婚的女佣叫娘姨,未

图7　善卿知道那新买的讨人来了,和双珠爬在窗槛上等候……周兰又道:"洪老爷先搭倪起个名字,等俚会做仔生意末,双珠就拨仔耐罢。"善卿道:"名字叫周双玉,阿好?"(《海上花列传》第3回)

婚的叫大姐。这些女性来自不同背景,却组成了一个暂时的家庭。

在这个家庭里,礼制社会的等级似乎被复制。不过老鸨、妓女和佣人之间的关系主要是生意上的关系。老鸨买讨人是为了盈利,有的娘姨在妓家中有股份,叫带挡娘姨,也希望通过讨人赚钱。客人多的妓女在妓家中受尊重,而生意差的则常常被打骂(图8)。妓女既是妓家的门面和核心,又是它赚钱的工具,像是没有自由的奴隶。她最初被买进妓家,最终也被卖出,嫁给某个忠心的客人当小妾。

小说中黄二姐是个奸滑自私的老鸨,她有三个讨人:翠凤、金凤和珠凤。翠凤的生意最好,她容貌出众,精明泼辣,常常在气势上压制二姐,指责她年纪大把却还要养姘头(21.393);珠凤几乎没有任何客人,常常被翠凤和二姐打骂(图9);金凤的生意介于翠凤和珠凤之间,顺从于翠凤。

老鸨周兰也有三个妓女:周双珠、周双宝和周双玉。双宝少有客人,当新买的讨人双玉加入时,双宝被迫腾出自己楼上的房间,

图8　金花自己撩起裤脚管给翠凤看。两只腿膀，一条青，一条紫，尽是皮鞭痕迹，并有一点一点鲜红血印，参差错落，似满天星斗一般。此系用烟签烧红戳伤的。(《海上花列传》第37回)

图9　珠凤坐在靠壁高椅上冷看，也格声要笑……翠凤越发大怒道："阿是说仔耐了动气哉?"走过去拉住他耳朵，往下一捽。珠凤从高椅上扑地一交，急爬起来，站过一傍，只按嘴咽气，却不敢哭。(《海上花列传》第8回)

搬到楼下(3.394)。双玉很快生意兴隆，常和双宝争吵。双珠是她们的大姐，又是周兰的亲女儿，生意不错，受到尊重。双珠和周兰经常通过协商来处理重要事务，不像黄翠凤和黄二姐之间那样常常争斗，周家似乎比黄家更有家庭气氛(图10)。不过赤裸的金钱关系仍然主导一切，当新人双玉要第一次接待客人时，周兰亲自帮她梳理，说道："耐(你)要自家有志气，做生意末巴结点，阿晓得？我眼睛里望出来，无啥亲生勿亲生，才是我囡仵。耐倘然学得到双珠阿姐末，大先生、二先生(已经嫁出去的妓女)几花衣裳头面，随便耐中意陆里一样，只管拿得去末哉。要像仔双宝样子，就算是我亲生囡仵，我也勿高兴拔俚豌。"(10.331;图11)。

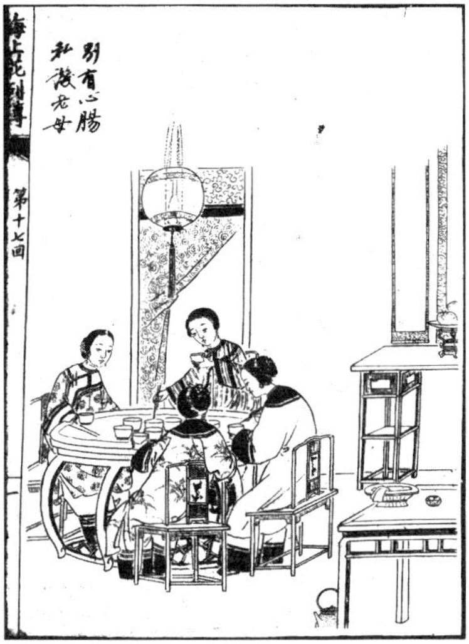

图 10　双珠随至当中间坐下，却叫阿金去问双玉，说："吃得落末，一淘来吃仔罢。"双玉听见双宝挨打，十分气恼本已消去九分；又见阿姐特令娘姨来请吃饭，便趁势讨好，一口应承。欢欢喜喜出来，与双珠对坐，阿金、巧囡打横，四人同桌吃饭。（《海上花列传》第 17 回）

图 11　双玉起身对镜，照见两边鬓脚稍微松了些，随取抿子轻轻刷了几刷，已自熨贴。只见巧囡怀里抱着衣裳，同周兰上楼来了。双玉收过抿子，便要取衣裳来穿。周兰道："慢点嗄，耐个头勿好，啥毛得来。"乃将手中揣着的豆蔻盒子放下，亲自动手替双玉弄头。（《海上花列传》第 10 回）

这两个妓家中，老鸨都没有绝对的权力，她常常被最出色的妓女约制，或者与其协商。妓女在妓家中的地位取决于她的生意能力和性格。这样老鸨和妓女之间的母女关系只是表面的，她们之间实际是生意上的关系。

讨人可以向老鸨赎身，买回自由，例如翠凤和二姐协商，要自己独立经营（49.540－544）。小说中妓女很多是独立经营的，她们自初就没有老鸨，却有带挡娘姨作为生意伙伴。例如赵二宝本是良家妇女，随家人来上海看望兄弟赵朴斋，却滞留上海，为了生计，就自己租屋开业，接待客人："自去说定鼎丰里包房间，要了（房东的)三百洋钱带挡回来。”她雇用的娘姨和男佣也各出二百洋钱带挡(35.464)。

老鸨、妓女和女佣形成妓家的主体。不过为了组成一个完整的“家庭”,她们还要雇用一个男佣,他除了打理杂务外,还要在客人访问时,大声向楼上喊“某老爷到”。他大多被认为是这个家庭的外人,被叫作相帮或外场。他一般住在楼下小房间或灶批间,可见他的地位低下(图12)。但是在很多情况下,他同时也是娘姨的丈夫,于是传统的夫权就和他在妓家的低下地位形成矛盾。

图12　朴斋一觉醒来,酒消口渴,复披衣趿鞋,摸至厨房,寻得黄沙大茶壶,两手捧起,“咽咽”呼饱;见那相帮危坐于水缸盖上,垂头打盹,即叫醒他。(《海上花列传》第30回)

周兰家的娘姨阿金和她丈夫阿德保之间的争斗就体现了这一矛盾。阿德保是周兰家的相帮,地位低下,但是作为丈夫他怀疑妻子阿金有姘头并常常打骂她(3.293)。当他在楼下打阿金时,楼上的周兰和妓女都不敢干预,她们只能帮有外遇的阿金掩盖而已(12.344)。在阿德保发怒时,阿金就到楼上避难,但是她一下楼就会被痛打(图13)。

图 13　只听得阿德保一头打，一头骂，一头问道："大马路啥场花去？我问耐大马路啥场花去？说唱！"问来问去，要问这一句话。阿金既不供招，亦不求饶，惟狠命的哭着喊着……阿德保气不过，顺手抓得阿大，骂一声打一下，打得阿大越发号叫跳掷，竟活像杀猪猡一般。（《海上花列传》第 57 回）

有的男佣在妓家中有股份，他的地位就和带挡娘姨相似。如果老鸨的丈夫或者独立妓女的男性亲戚做男佣，他就叫本家，比如赵二宝的兄弟赵朴斋。和女性成员一样，妓家中男性成员的地位也取决于他的经济状况。在社会上，妓家里的男性成员被叫作龟奴，当时的文学和媒体多把他们描述为街巷中的流氓。①

娘姨也常被描写为姘头，行为不检的"大脚"（似乎妓女的三寸金莲倒是贞洁的象征）。妓家正是由类似角色组成的非常家庭，也是一个经济实体。这里没有礼制社会的严格等级制度，佣人也和客人一样去寻欢作乐。

男佣的尴尬地位并不意味着传统的男性地位受到冲击。妓家恰恰是为男性新贵提供服务的商家，妓女和女佣把客人称作"老爷"，竭力赢取他的欢心，也是为了赚他的钱。当妓女和客人的相好关系出现危机时，老鸨和娘姨就会帮妓女来解决问题。就和传统大家庭里一样，老爷的权力也受到女性群体的制约。

① 见图 46。

不过客人还是客人，和一家之主的老爷不同。妓家里主客关系是对礼制社会婚嫁模式的颠覆：后者为儿子娶来新娘（算是客体），而前者则是以女性为主体来经营的、为男性客人服务的临时家庭。传统的婚嫁是家长安排的，目的是延续家族，不考虑个人感情。妓家的商业性运作和传统婚姻的经济因素有异曲同工之处：后者是家长把新娘"买"到家中，前者是孤独的寓居客人到妓家买一段欢乐时光。不论是传统婚姻还是妓家的攀相好，女性的身体都被物化，被工具化，其意义是为了延续家族或取悦男性。妓家里的主客关系既模仿传统家庭又是生意上的关系。

尽管妓家是临时的替代家庭，妓女通常和某个客人有较稳定的相好关系，也希望最终被客人娶作小妾，从而结束她短暂的职业生涯。这种关系就好像婚姻一样，妓女之间把对方的客人叫作"姐夫"，客人也同样追求长期的相好关系。这种关系虽然模仿家庭夫妻关系甚至发展到婚姻，但也是对传统包办婚姻的反叛：妓女和客人都有选择的自由，这种选择虽然以金钱为基础，却也注重个人感情。

这种关系比家庭里的夫妇关系更为不稳定，正如小说中的洪善卿所说："老实说，倌人（妓女）末勿是靠一个客人，客人也勿是做一个倌人；高兴多走走，勿高兴就少走走，无啥多花枝枝节节啘！"（10.334）

妓女闺阁：酒局与茶围

长三书寓虽然称作妓家，却是向客人开放的经营场所，它把妓女住家和商人社交结合在一起。的确，妓家的家庭氛围帮助商人在此建立社交网络，妓家中的酒局特别体现了这一功能。

酒局也就是客人所谓的吃花酒，一般在妓女的闺房里举行，给该妓女带来收入和名声。小说中的洪善卿把侄子赵朴斋带到幺二堂子，结识的妓女陆秀宝就立即央求朴斋为她开酒局（图14）。作为妓女的新客人,在她的房里摆酒局是和她攀相好的第一步;为了保持相好关系,客人还要定期为她摆酒局,特别是在重要庆典的日子里。该客人是酒局的主人,要邀请他的朋友出席,每位朋友也必须招妓出局,人多时要加桌子,叫作吃双台(图15)。有时主人要求每位出席者叫两妓,这样场面很热闹。也有主人要求客人尽兴饮酒,场面最终失控(图16)。

由朋友招来出席酒局的妓女多来自其他妓家,这叫出局,长三妓女的出局费是三块大洋,幺二妓女的出局费是一块大洋。做东客人的妓女不算出局,但在本屋摆酒席,给她的生意带来声誉。小说中的妓女沈小红得知她的唯一常客王莲生有了新相好,十分恼怒,在公共场合打闹①(9.327),最终却只要求莲生在自家摆酒局,把前两天莲生在新相好处摆酒所请的客人再请来,算是为自己争回面子,也默许了莲生的新相好关系(11.335;12.341)。

酒局为妓家带来生意上的各种好处:介绍新客人,喧闹的场面向邻居展示生意兴隆,更有做东客人付给妓家的"下脚洋钱"(小费)。客人得到的好处是建立或加强与妓女的相好关系,从而可以经常来她房间里访问滞留,也得以向朋友和商业伙伴炫耀财富并增进友谊。这些商人(还有职业文人)要通过吃花酒来交友和建立商业关系,也许正是因为妓女兼有私家和生意的双重性,她的陪伴使他们之间的临时商业关系变得像是较永久的家族亲戚关系。因此妓女是商人社交和娱乐活动中不可缺少的一员。

也许因为要出席以男人为主的酒局,妓女认为自己的职业就是"做生意",这样她和客人同样是生意上人。正因为出局像是出公差,她被叫作"倌人",是男性化的头衔。冶游指南的作者对此词的出处感到困惑:"不知其义何取,岂因其为公共之物耶?盖沿

① 见图91。

图 14　秀宝即请小村榻上用烟，小村便去躺下吸起来……朴斋被他一拉，趁势在大床前藤椅上坐了。秀宝就坐在他膝盖上，与他唧唧说话，朴斋茫然不懂。(《海上花列传》第 2 回)

图 15　王莲生请众人到当中间里，乃是三张方桌，接连着排做双台。大家宽去马褂，随意就坐，却空出中间两把高椅。(《海上花列传》第 6 回)

图 16　姚季莼既做主人，那里肯放松些，个个都要尽量尽兴。王莲生吃得胸中作恶，伏倒在台面上。沈小红问他："做啥?"莲生但摇手，忽然"咽"的一响，呕出一大堆，淋漓满地。朱蔼人自觉吃得太多，抽身出席，躺于榻床。(《海上花列传》第 56 回)

习元明教坊官妓之遗意耳。”①

倌人是妓女的泛称,客人尊称妓女为“先生”,也是男性化的头衔,以前只有教师、医师和风水师才可以叫作先生。18 世纪 50 年代书寓首次出现在上海时,就自称说书先生,卖艺不卖身。不过这很快就成了虚名,出局兼卖身的长三也自称先生,长三和书寓很快就没有什么区别。尽管如此,先生的头衔还是为后来的长三和幺二妓女带来了职业声誉。

最初的书寓是到书场或在自己寓所里表演的女艺人,也被叫到其他场合表演,这就是出局。后来长三和幺二的外出服务虽然也叫出局,但主要是出席陪酒,并不一定要表演。席中客人只是偶尔请才艺出众的妓女表演“开片”或“二簧小调”。这样的妓女不算是职业艺人,却沿袭了书寓的职业名声,她们虽然不是说书先生,却仍是出局的先生。每晚出局的次数是衡量某妓女成功与否的重要标准。

出局是妓家最稳定、最基本的收入。在商业发达的上海,妓家很快有了统一的“收费标准”和“营业规则”。客人叫妓女出局,先写局票,由佣人送到妓家。每张票按所叫妓女等级价值一至三元,到每年三个营业季节的末尾(即元宵、端午、中秋时分),妓家和客人结账。出色的妓女每晚有多个出局,每季可为妓家挣两千多大洋。

妓女的职业要求她不论是谁叫局,都必须出局,除非有借口,比如生病,才可以不出局。她可以出局到某酒席,停留片刻,或唱一个开片,就马上到另一个酒局应酬,这叫转局。小说中妓女孙素兰出局到一个酒席,就问妓女袁三宝唱了没有。知道素兰要走,三宝的娘姨叫素兰先唱,素兰唱罢就借口转局告辞了(3.296)。有时妓女用转局的借口来提前离开一个霸道客人的酒局(44.514)。

① 花雨小筑主人编:《新辑海上青楼图记》,第 6 卷,第 4 页。

妓女出局时除了偶尔演唱外，只是在客人旁边或身后陪坐，不可以进餐；当客人猜拳饮酒时，她可以为客人代酒，有时她的女佣也可以代酒。当客人喝完酒，开始吃饭时，妓女就匆匆离席，出局就结束了。

妓女到场时酒局已经开始，离场也早。客人和倌人从不一起出席和离席，不过客人可以在酒局结束后马上到妓女住处攀相好。妓女的相好关系和出局业务显然是分开的，这种分离也给客人带来自由：他既可以叫他的相好妓女出局，又可以叫其他妓女。

赌局也是妓家中较为常见的活动。不过租界当局禁止赌局，所以没有酒局那么频繁，而多是些骗人钱财的勾当，如《点石斋画报》一篇题为《局赌害人》的报道所述（图 17）。小说中也描写一些嗜赌客人在妓家开牌局，也叫妓女出局（图 18），他们后来在一个妓家开“局赌”（赌场），以至被巡捕捉拿（图 19）。

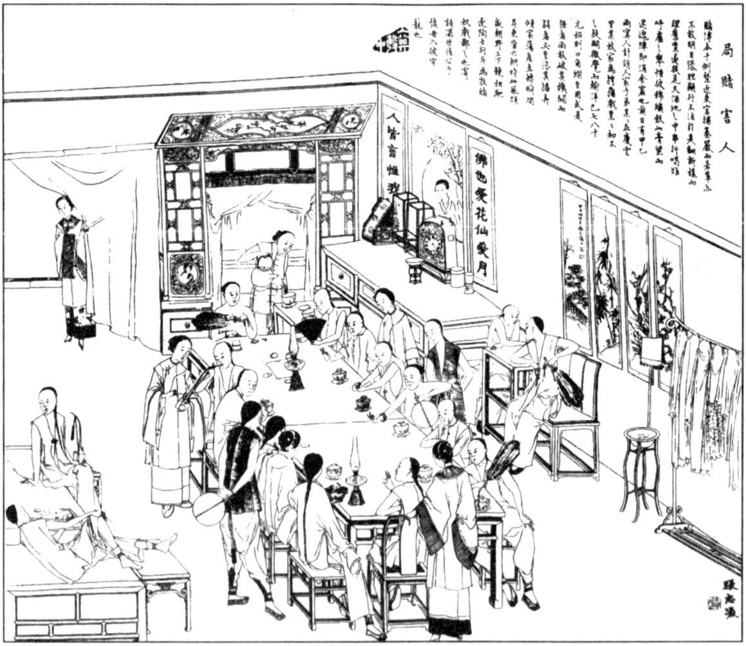

图 17　局赌害人：妓家里的赌局。（《点石斋画报：大可堂版》，第 1 册，第 117 页）

图 18　大家忙忙吃毕,揩把面,仍往亭子里来,却见靠窗那红木方桌已移在中央,四枝膻烛点得雪亮,桌上一副乌木嵌牙麻雀牌和四分筹码,皆端正齐备。(《海上花列传》第 13 回)

图 19　原来是一个外国巡捕,直挺挺的立在对过楼房脊梁上,浑身元色号衣,手执一把钢刀,映着电气灯光,闪烁耀眼……忽又见对过楼上开出两扇玻璃窗,有一个人钻出来,爬到阳台上,要跨过间壁披屋逃走。(《海上花列传》第 28 回)

妓家在开酒局和牌局时热闹非凡,不过在其他时候更像是私人住家。这里是妓女的寝室,有时客人也留宿在这里。妓女通常在中午时光起床。下午,妓家的小规模活动也像是住家,比如"打茶围":客人约一两个朋友,到认识的妓女处饮茶聊天。小说中有很多这样的随意访问,有时在下午,有时在酒局之后的深夜(图 20)。如果客人和妓女成为相好,客人就常常去她的房间,在此和她单独相处,就像在他们的私人寓所里一般。此时他们更像是情人或夫妻,建立起亲密的关系;他们此时也谈心说话,讨论他们自己和朋友之间的事务。小说中的很多情节就是通过这样的对话来展开的。

图 20　洪善卿、赵朴斋到了陆秀宝房间里……秀宝沉下脸道："耐倒调皮哚啘！"一屁股坐在朴斋大腿上，尽力的摇晃，问朴斋："阿要调皮嘎？"朴斋柔声告饶。(《海上花列传》第 13 回)

尽管这些活动像住家一般，它们还是围绕着金钱和利益。很多重要的经营事务都是在这样的私密时刻得以处理。妓女也在此时向相好客人索要珍贵礼物，比如首饰和衣物。即使是这样的相好关系最终发展到婚姻，它依然是一桩生意。

"扑朔雌雄"的性别

妓家既是私密空间又是公开经营的商业空间，这就打破了礼制社会中男外女内的空间格局。妓女的性别也因此显得扑朔迷离：在酒局、打茶围、攀相好等不同场合中，她扮演着不同的性别角色。如此的"表演"显示着中华文化对性及性别的独特理解。按照阴阳理论，人体不论男女都是由不同比例的阴阳成分组成的平衡体；男女性别并非绝对对立，也不相互排斥；性别是外在的、后天的、变幻的；男女之间的性别区分也因此显得较为模糊。

在出局时，妓女以倌人的身份出现在男人主导的场合，此时来自不同妓家的妓女称对方为"阿哥"。在与相好客人私下相处时，妓女是“人家人”，同妓家的妓女却以姊妹相称。不过这并不意味着她在外出局时比在家里更有权力；与此相反，出局时她顺从客人，私下里，她向他提出各种要求。在外出局时，她只不过是客人的装饰品，她的男性头衔是客人的陪衬；而在自己的闺房内，她就是主人，她抓住客人的弱点，试图控制他。出局时，妓女只是妓家提供的一件商品或服务；而在闺房里，她则更为自己的利益着想。

其实出局收入只是妓家的基本收入，妓女职业生涯的成功与否更取决于她在私下和客人的相处。精明的妓女可以让客人为她倾心，给她提供经济上的保障，而她则能够在这个无情的商业都市中得以生存。

各种妓女都知道在私下里和客人相处，要使他顺从并忠心。妓女吴雪香和客人葛仲英有真感情。一次两人结伴到仲英的朋友王莲生处吃便饭，喝完酒，吃完饭，吴雪香立时催仲英和她回去。仲英道：“歇一歇呢。”雪香道：“歇啥呀，我不要。”仲英道：“你不要，先回去吧。”雪香瞪着眼问道：“阿是你不回去?”仲英只是笑，不动身。雪香使性子，立起来一手指着仲英脸上道：“你晚些回来，当心点!”(5.309)

在这个私下的交往时刻，雪香像在自己的闺房里一样使性子。但是在朋友面前，她还是要给仲英保住面子，只得独自回到自己家里。仲英也很快回去了，雪香仍然生气，要他以后像儿子一样对她言听计从(6.310)。这一情节形象地描写出雪香的娇嗔任性，却也道出了每个妓女的潜在欲望：客人像自己的儿子一样孝顺而忠诚。但事实上妓女在追求这一欲望时，却像女儿央求父亲一样，这其实更能反映他们之间的年龄差距。妓女的青春年华是她能够驾驭客人的法宝，二十出头的妓女就急于嫁人而结束其职业生涯，这一短暂的职业生涯是她成年和婚姻之前的少女青春期。未成年的妓女可以游戏于各种性别角色之间。

与娇嗔的雪香不同，黄翠凤是个老道泼辣的妓女。当新客人罗子富叫她出局时,她常常到席迟,离席早,对子富冷漠无情。子富固然不悦,但是一次在酒席上听到翠凤与老鸨抗争的故事后更加喜欢她(6.312)。子富在酒席后夜访黄家,当时翠凤仍在外出局未归,老鸨黄二姐一边叫他等着,一边劝他做翠凤的常客。翠凤回家后,要求子富与他相好的妓女断交,并不再叫其他妓女。子富接受这一条件,当夜即首次和翠凤共度春宵(图21)。

图21　子富听到这里,不禁大惊失色,站起身来道:“耐个人倒稀奇哚!”遂向翠凤深深作揖下去,道:“我今朝真真佩服仔耐哉。”(《海上花列传》第8回)

子富在酒席上豪放粗犷,但和翠凤相好后却十分顺从她,并从中得到乐趣和满足。有一天,他向翠凤抱怨道:“你个人一点点不讲道理,你自己去想想看,你做个倌人末,做几个客人,倒不许客人再去做一个倌人。”翠凤反驳说,她的生意需要多个客人才能维持,否则子富要单独负责她的全部开销(9.329)。翠凤其实对子富没有真感情,只想赚他的钱,但是她也有温柔多情的一面,和“恩客”钱子刚保持隐秘的相好关系。小说中的其他妓女,比如周双珠和张蕙贞是和善温顺的“人家人”角色。

小说里的各种妓女不仅在不同场合扮演不同的性别角色,而且个性鲜明,从娇嗔泼辣到温顺和善,应有尽有。这些角色和个性都在特定时刻被某些客人喜欢,这反映了男性客人变幻无常的欲望。富有的寓居男性的确在寻找一个已经不在的真爱,这就造成他们无常的欲望。

弗洛伊德曾引用一句古老的谚语来解释性爱:“爱是怀乡病”(love is homesickness)。① 这怀乡病就是出于对已经失落在记忆中的“家”的追寻,而且唯有通过想象才能找回这个家。所以文人笔中的妓女佳人总是一个记忆中的流逝人物,充满了怀旧色彩,而他们继续光顾新的妓家好像是在追寻这个记忆中的印象。他们的怀旧实际上是男性怀乡病的一个症状。

按照弗洛伊德的理论,男人所怀念的家乡可以一直追溯到那养育他的母体,追溯到他最初对成熟女性身体的朦胧性感觉。这一“原始”感觉虽然立即被压抑,却没有被完全忘记;它最终通过寻找新的形象而被唤醒。这一再次发现的新形象让男性主体感到既陌生又熟悉,既新奇又似曾相识。此时那初次体验的成熟女性已经不在,而她的形象却被深藏在记忆中。现实世界再次发现新物质形体(所带来的愉悦)总是短暂易逝的,这迫使男性主体不断地为记忆中的她寻找新的物质“赋形”(incarnation)。这种赋形可以是一个个体,也可以是一个物理意义上的家,后者其实是前者的空间延伸。而一旦家在时间的流逝中变形,主体的欲望就会重新启航,寻找新的替代品,这个替代品是陌生的,却可以唤回遗失的记忆。

传统婚嫁旨在延续和复制父权家庭,但是没有给年轻男性任何机会去追寻那已经失去的“家乡”的替代品。他不能离开父母

---

① Sigmund Freud, “The ‘Uncanny’”, in *The Standard Edition of the Complete Psychological Works of Sigmund Freud*, ed. and trans. James Strachey, London: Hogarth Press, 1953. vol. 17, p.245.

去另设新家，相反，新娘被嫁到夫家。对于新郎来说，新娘是父母给的，而不是自己找到的，这使新郎在这个已经很压抑的父权大家庭中更感到疏离和孤独。随着时间的推移，新娘变成了家庭主妇，而男主人却越发感到疏离。他可以纳妾生子来弥补这种缺乏情感的婚姻关系，却无法弥补初次婚姻的创伤。于是新的父权代表人游荡在妻妾的闺房之间，也许越发感到疏离和异化。新的妻妾只给他带来短暂的新奇和喜悦，这很快便流逝，他又不得不为他不治的"怀乡病"寻求新的解药。

这一不安的男性主体就很可能成为狎客。不论是南京的秦淮画舫还是上海的长三书寓，都可以为他带来短暂的愉悦。不过上海的寓居男性并非仅仅追求性满足，他们在寻找一个不同于家乡的"家"。长三书寓对于他们来说，正是这个既熟悉又陌生的"家"。这对那些妻室在身边的富商也不例外，比如小说中钱子刚和姚季莼。这个"家"的吸引力恰恰在于对传统婚姻的颠覆：男性成为客体，妓女成为主人。妓女实际上扮演了双重角色：她既像是"新郎"在等待着陌生的"新娘"到来，又像是"妻子"等待着"丈夫"的归来。

小说中的姚季莼在上海有家室，而且处处被"家主婆"姚奶奶管束。她虽然不能禁止他去光顾妓家，却对他的活动严加控制。季莼是妓女卫霞仙的常客，她也是一个泼辣的角色。姚奶奶和卫霞仙的一次对峙形象地表现了两种"家庭"之间的竞争。一次季莼醉酒，两天没有回家，姚奶奶以为他滞留在霞仙家里，就来到霞仙房间里寻找季莼，见到霞仙就嚷道："二少爷[季莼]呢？喊他出来！"又道："二少爷是我家主公，耐拿二少爷来迷得好！耐阿认得我是啥人？"霞仙正色向姚奶奶朗朗说道：

> "耐个家主公末，该应到耐府浪[府上]去寻啘。耐啥辰光交代拨倪，故歇到该搭来寻耐家主公？倪堂子里倒勿曾到

耐府浪来请客人，耐倒先到倪堂子里来寻耐主公，阿要笑话！倪开仔堂子做生意，走得进来，总是客人，阿管俚是啥人个家主公！耐个家主公末，阿是勿许倪做嘎？老实搭耐说仔罢：二少爷来里耐府浪，故末是耐家主公；到仔该搭来，就是倪个客人哉。耐有本事，耐拿家主公看牢仔，为啥放俚到堂子里来白相？来里该搭堂子里，耐再要想拉得去，耐去问声看，上海夷场浪阿有该号规矩？故歇勠说二少爷勿曾来，就来仔，耐阿敢骂俚一声，打俚一记！耐欺瞒耐家主公，勿管倪事；要欺瞒仔倪个客人，耐当心点！二少爷末怕耐，倪是勿认得耐个奶奶碗！”(23.402；图22)

图22　其时卫霞仙面窗端坐，梳洗未完。姚奶奶一见，即复高声问道："耐阿是卫霞仙？"霞仙抬头看了，猛吃一惊，将姚奶奶上下打量一回，才冷冷的答道："我末就是卫霞仙哉哩。耐是啥人嘎？"（《海上花列传》第23回）

霞仙道出两个不同“家庭”之间不可逾越的界线，并借用礼制社会对女性空间的限制来描绘出一个不寻常的情形：霞仙反倒是一个守本分的妓女，而姚奶奶则是越轨来到妓院里。她又数落道：“耐是奶奶呀，阿是奶奶做得勿耐烦仔了，也到倪该搭堂子里来寻寻开心？可惜故歇无啥人来打茶会！倘然有个把客人来里，我教客人捉牢仔耐强奸一泡，耐转去阿有面孔！耐就告到新衙门里，堂子里奸情事体也无啥稀奇碗！”其实霞仙也有难言之隐：她和姚奶奶一样都为男人的不忠而烦恼，在姚奶奶受辱走后，霞仙抱怨她的鸨母太老实，对姚奶奶说季莼已经好久没来她家了（23.403）。

和妓女相似，客人也在不同场合扮演不同的角色：在家里他是主公，在妓家他是客人。不过他倒是在做客人时感到更自在，这弥补了他在家中的疏离感。从主公到客人的逆转也是一种解脱和愉悦，体现了金钱的魔力。妓女的魅力也来自这种内外空间和性别的逆转，她带着“先生”和“倌人”的头衔，叛逆了传统的性别规则，成为一种特殊商业空间的主人。她既是男性的欲望又是男性主体的镜像。其实男性的性欲望掩盖了另一种欲望：复制自我，也就是自恋。这种被压抑的欲望转移到寻找自己的镜像中，而妓女恰恰就是这一镜像。

比性欲更原始的欲望是自恋。最初婴儿的自爱是没有界限的，将身体之外的喜爱物品看作是自我的复制，以求自我的永恒存在。但是，如弗洛伊德所说：“这一初级成长阶段被逾越后，这些复制的自我逆转其形象，从永恒的保证变为死亡的象征。”①妓女的男性头衔正是体现了男性自恋的转移。文人在笔记中把妓女叫作“校书”或“词史”，仿佛是自己的镜像，这就是“名士才女”的想象。“才女”总是一个流逝忧伤的形象，象征着死亡而非生育。她只能引起文人的怀旧情感，正如王韬所说的“追已陈之艳迹”（见第二章）。

妓女的“先生”头衔也可以看作是对“老爷”称呼的效仿；一般商人狎客把妓女看作生意上人，是自己的同类。他们之间的关系大多是一桩生意，这体现在他们互相匹配的男性化头衔：老爷与先

① Freud, “The ‘Uncanny’”, p. 235.

生;客人与倌人。作为客人的镜像,妓女被非女性化,不再是生育的象征,而是代表了物质和财富的繁衍。

在妓家里,同性之间的生意关系或友情要比异性之间的欲望和情感更为重要。也就是说,妓女和客人之间相好关系比较脆弱,而妓女和她的娘姨(或老鸨)的伙伴关系,以及男性客人之间的朋友关系则比较牢靠。

小说中的狎客有很多是挚友,比如王莲生和洪善卿,比如罗子富和汤啸安。小店主洪善卿和陈小云也是好朋友,他们不坐轿子,有时一起在弄堂里行走,"比肩交臂"(25.411)。这样的关系虽然只是友情,却比异性的相好关系更可靠。

文人之间也有类似的亲密友情。有时文人甚至把他们之间的友情戏称为再生缘,比如小说作者韩邦庆就讲述了自己同一位友人的感情:

> 石君子荃自言,愿化作绝代丽姝侍巾砚。余曰:"人尽愿为夫子妾,天教多结再生缘。"张船山诗也。奇何人(我是何人),敢当斯宠?爰赋《百字令》相谑:
>
> 先生休矣,谅书生此福,几生修到。格须眉浑不喜,偏要双鬟窈窕。扑朔雌雄,骊黄牝牡,交在忘形好。钟情如是,鸳鸯何苦颠倒。还怕妒煞仓庚,望穿杜宇,燕燕归来杳?收拾买花珠十斛,博得山妻一笑。杜牧三生,韦皋再世,白发添多少。回波一转,蓦警眉妩人老。①

词中友情与爱慕交织在一起,雌雄也难以分辨。如果爱慕主要是寻找自我的复制,无论雌雄,都可以被忽略。虽然妓女扮演逆转的

① 方迎九:《韩邦庆佚诗佚文钩沉》,《明清小说研究》,2002 年第 2 期,第 230 页。原文载《申报》,1887 年 12 月 17 日。

性别角色,她仍不能取代客人的朋友。

文人和商人都试图把钟情的妓女看作自己的同类或复制,而妓女大多只是要赚他们的钱。妓女有时也爱慕和自己类似的角色,比如走红的京剧演员。当时的媒体小报常常报道有妓女"姘戏子",《点石斋画报》就报道了一些妓女和戏子的"不检行为",比如在马车上做爱,被巡捕抓住。①

小说中的妓女沈小红就和戏子小柳儿暗中媾和,她把从客人那里赚来的钱都花在戏子身上。戏子的魅力来自他们的舞台角色:他们多为武生。如果说他们是妓女自我的镜像,那么他们也是终结者的象征。小柳儿的舞台角色是《翠屏山》中帮助杨雄戮杀淫妇潘巧云的石秀(30.437),而在小说中他和小红的媾和也最终导致她被常客王莲生抛弃②(33.456)。

小说和一些冶游指南都指出,姘戏子和养恩客是妓女的大忌,而攀相好太注重感情也会给商人带来麻烦(42.502)。妓女和顾客相互称作"先生"和"老爷"也就是要保持一定的距离,把他们的性爱关系定格在生意场上。

妓家中的留连欢聚既颠覆了传统的家族繁衍观念,又逆转了传统的性别规则。在性交失去繁衍功能之后,性别就成为雌雄变幻的表演。这样的表演通过物质和视觉的手段来进行自我复制,而不需要进行人体的繁殖。这样的复制(即再生产)表明,在现代都市生活中自爱取代了母爱。自爱在资本主义再生产中起着主导作用,并很快被转移到其他物化的形象中,比如男性化的女性、性别模糊且脱离繁殖功能的人体、同性的身体,以及各种物品的展示。

晚清妓家反映了这种性别的现代性:妓女和客人之间的关系

---

① 吴友如等绘,张奇明编:《点石斋画报:大可堂版》,上海画报出版社,2001年,第14册,第205页;第15册,第196页。

② 见图28,29。

是用男性或中性词语来表述的，这种关系反映了资本的再生产而非生理繁衍。脱离家庭生活的性欲望被商业化，这导致了女性被重新定义，被男性化，被物化，而人体生理繁衍的本能则被获得物质财富的欲望所超越。

衣裳和首饰

寓居者从内地来到上海，要在变幻莫测的商业社会中生存，就必须拥有物质财富。妓女要生存，也要成为非凡的生意人，不但要多出局，还要向客人索要礼物，多是贵重的首饰（当时叫“头面”）。如此的礼物看似客人忠心的表率，其实正是因为男人的不忠妓女才寻求更“忠诚”的物质财富。这些礼物可看作传统的“定情物”在商业社会里的演变。才子佳人之间的“定情物”多是手帕和扇子等简单饰品，并非贵重礼物，有的妓女仍然像旧式的“佳人”那样遗送给钟情客人类似的物品（图23）。

图23　双玉代过酒，仍是偶然危坐。淑人再去偷觑，只见双玉袖中另换一块湖色熟罗手帕，也拖出半块在外。淑人会意，又暗暗伸过手去要拉。双玉正呆着脸看台面上豁拳，全不觉得，竟为淑人所得，揣在怀里，不胜之喜。（《海上花列传》第32回）

妓女与客人相好,主要是因为这样的关系会带来贵重礼物,这要比她的出局收入更为丰厚。这也是一种交易:赠送礼物是客人在妓女闺房滞留甚至过夜的条件。不过这样的交易并不是直接的性交易。与金钱交易不同,客人的礼物被妓女保存,成为她生意成功的象征,或用来装点她的身体,使之更有魅力。这样的物品也比她的身体更能让客人忠心于她,因为客人的欲望也被转移到物质世界中。客人也可以想象正因为他的礼物装点着她的身体和闺房,她已经变为他的附属品(即他自我的延伸)。于是这些物品就成为妓女和客人自我主体延伸的交汇点,他们都试图把扑朔不定的人际关系物化和定格。

妓女只在出局和坐马车这样的公开场合才穿戴这些头面,招来客人和公众的注意。这些头饰和衣着代表了她的职业。她公开的形象也帮助客人提高社会地位,这些新贵特别需要向城市公众展示他们的新地位。

平时在家里妓女多穿着便装。小说中的蒋月琴一次在自家的酒局上没有化妆,穿着似是“人家人”(15.360)。这样不同的穿着表现了上文所述妓女的多变性别角色:在外盛装是陪衬客人的男性形象,而在家里便装更显露她的女性本貌,而前者多为当时媒体报道中的妓女形象。妓女的女性魅力通过这些装饰品来表现,这意味着性欲从身体转移到物质财富中。这些物品表明了她成功的职业,比她的身体更能吸引顾客。

妓女和客人的关系被物化,这似乎是马克思所说的商品拜物教。不过这些装饰品还不算是现代商品,它们更像是传统的崇拜物,比如官员或道长的长袍。它们是持久的珍贵物品,与消费性商品不同。不过它们的确是从市面上购买的,而非王侯授予的。寓居者对这些物品的欲望似乎介于崇拜魔力物品和现代商品拜物教之间。这也表明妓女的双重身份:她既是被仰慕的娱乐明星又是被鄙视的性交易品。

不过，妓女的装饰品并不仅仅是从传统崇拜物到现代商品的直线进化过程的一个中间阶段。中国传统文学多把性交比作自然现象，比如云、雨、雾、花等，这些都是自然生命的象征。把女性身体比作花朵，女性衣着也以绣花装点。文人对某个妓女的描绘多是类似形容词的堆砌，比如王韬描写一位妓女："明珠风情绰约，酷似洛真，体态轻盈，蹁跹善舞，不让乐天春草也。"①

把女人比喻为不变的自然景象，同时也寓言着生命的短暂。美丽绽放的花朵，既是生命的象征，又是一种娇弱的物品。文人常常把女性比作美丽植物，也许是对这种原始生命形式的向往。这样的向往也很容易被转移到对物品的崇拜。传统文学中的自然景象比喻与现代商品拜物教中的魔幻影像之间似乎有某种内在的连续性。妓女形象的演变正是展示了这种连续性：她身体周围的物品逐渐被商业化和视觉化，她也演变为商业文化的象征。这种商业文化就是一种"新自然"。和自然景象一样，"新自然"的景象和物品是短暂的，而且"新自然"也是往复不变的。

小说没有用文人的词藻来描写妓女，只是偶尔描述出局妓女的穿戴，比如幺二妓女陆秀林："见他家常只戴得一枝银丝蝴蝶，穿一件东方亮竹布衫，罩一件元色绉心缎镶马甲，下束膏荷绉心月白缎镶三道绣织花边的裤子。"（1.284）又提到妓女黄翠凤"自拣一件织金牡丹盆景竹根青杭宁绸棉袄穿了，再添上一条膏荷绉面品月缎脚松江花边夹裤，又鲜艳又雅净"（8.324－325）。这样的描写把妓女的美丽定格在穿戴和衣着上，不过小说中却很少出现。

小说主要是通过白话叙事和方言对话来展现妓女的真实角色和妓家中变幻不定的社会关系和个人命运。这样的不定性最终也涉及物质世界，使妓女首饰的价值难以确定。妓女很重视客人给

① 王韬：《海陬冶游录》，见《香艳丛书》第5653页。

的礼物,也常常在出局时相互展示。小说中的一个酒局上,客人忙于猜拳饮酒,陪酒的妓女就相互比较她们的首饰:

> 黄翠凤见张蕙贞金珠首饰奕奕有光,知道是新办的,因携着手看了看,道:“故歇名字戒指出老样式哉。”张蕙贞见黄翠凤头上插着一对翡翠双莲蓬,也要索观。黄翠凤拔下一只授与张蕙贞,蕙贞道:“绿头倒无啥。”不料王莲生以下即系主人葛仲英座位,背后吴雪香听得张蕙贞赞好,便伸过头来一看,问黄翠凤:“几花洋钱买个嘎?”翠凤说是“八块”。吴雪香忙向自己头上拔下一只,将来比试。张蕙贞见是全绿的,乃道:“也无啥。”吴雪香艴然道:“也无啥!我一对四十块洋钱哚呀,阿是也无啥!”黄翠凤听说,从吴雪香手里接来估量一回,问道:“阿是耐自家买个?”吴雪香道:“买是客人去买得来个,来里城隍庙茶会浪。俚哚才说勿贵,珠宝店里陆里肯嘎!”张蕙贞道:“倪是倒也看勿出。拿俚一对来比仔末,好像好点。”吴雪香道:“翡翠个物事难讲究哚,少微好一点就难得看见哉。我一对莲蓬,随便啥物事总比不过俚,四十块洋钱,是实概模样呀。”黄翠凤微笑不言,将莲蓬授还吴雪香。张蕙贞也将莲蓬授还黄翠凤。葛仲英正在打庄,约略听得吴雪香说话,不甚清楚;及三拳豁毕,即回头问吴雪香:“啥物事要四十块洋钱?”吴雪香遂将莲蓬授与葛仲英,仲英道:“耐上仔当哉,陆里有四十块洋钱嘎,买起来不过十块光景。”吴雪香道:“耐末晓得啥嘎!自家勿识货,再要批榻,十块光景耐去买哉哩!”……吴雪香等客人散尽了,重复和仲英不依道:“耐就搭我买仔一只洋铜钏臂连一只表,也说是三十几块哚,说到我自家个事末就勿稀奇哉。耐心里只道仔我是蹩脚倌人,陆里买得起四十块洋钱莲蓬,只好拿洋铜钏臂来当仔金钏臂带带个哉,阿是?”(22.397-398)

雪香因为她头饰的价值受到翠凤和蕙贞的质疑而恼怒。如果她的客人确实谎报了它的价值，雪香也要以假当真，为自己的名誉争一争。这一情节不仅展现了三个不同性格的妓女角色，也揭示了企图用物质财富来锁定人际关系是徒劳的。在资本主义经济中，这一企图主要是通过赋予商品固定的价值，也就是稳定的价格。上述对话中，妓女十分关注自己物品的价值，她们之间的爱慕友情和职业竞争被转移到她们首饰之间的价格比较。虽然这些物品不能像客人那样不忠，但是它们的价值和社会含义却受到争议和猜测。这样变换的主体欲望影响到物品的价值和社会含义，物品被赋予主观的社会价值和意义。于是这些没有生命的物品就好像获得了生命，开始一种新的"社会生活"，变得像主体一样变幻无常。

当妓女黄翠凤向老鸨黄二姐赎回自身时，她们为价钱而争议，直到最后翠凤同意把她所有的衣裳和首饰都留给老鸨（48.533－534）。因为她就要自己经营妓家生意，想要新的衣饰，她就可以放弃那些代表往日生意的旧衣饰。这些物品用来确定和客人相好关系，但是变换的商业环境使它们和妓女一样随着时间的流逝而变化，所以妓女和客人都不可能对它们"忠诚"。就像客人一样，妓女也在不停地追求新奇事物，不过客人是追寻一个短暂的替代家庭，而妓女却在寻求装点这一家庭的新奇事物。

于是妓女就成为上海时尚的开创者，非常注意自己在公开场合的形象。早在19世纪50年代，王韬就记载道："衣服之制，以青楼之趋尚为雅俗。沪城之妓，皆从吴门来，故大半取吴为式。其为客措办者，悉取诸采衣街上。丽制雅裁，任其自择。其时下妓多呼缝人，授以新样，备诸组织，穷极巧靡。"①也有卖珠宝的小贩经常到妓家街区逐家叫卖。

---

① 王韬：《海陬冶游录》，见《香艳丛书》第5649页。

妓女追求新奇时尚,成功的妓女叫作“时髦倌人”。小说中的屠明珠是一例。她虽然已经不再年轻,却仍然赫赫有名,让年轻的妓女嫉妒。商人朱蔼人和朋友要在屠明珠家开酒局,他的相好妓女林素芬有点嫉妒,说道:“做倌人也只做得个时髦。来哚时髦个辰光,自有多花客人去烘起来。客人末真真叫讨气,一样一千洋钱,用拨来生意清点个倌人,阿要好?用拨仔时髦倌人,俚哚觉也勿觉着。价末客人哚定归要去做时髦倌人,情愿豁脱仔洋钱去拍俚马屁。”蔼人道:“耐不要说客人讨气,倌人也讨气。生意仔末,随便啥客人巴结得非凡哚结;稍微生意好仔点,难末姘戏子,做恩客才上个哉,到后来弄得一场无结果。”素芬接着说倌人应该趁还时髦时早嫁人,而蔼人认为倌人也难以找到一个好客人来娶她(18.377)。

这段对话道出了妓女和客人的无常欲望和不定命运。屠明珠已经到了她妓女生涯的尽头,她也是老鸨,包养两三个年轻妓女来营业。只有那些年老怀旧的客人才叫她出局,年轻的客人常常取笑那些叫她出局的老客人。一位客人的佣人评论她的形象道:“门前一路头发末才沓光个哉,嘴里的牙齿也剩勿多几个,连面孔才咽仔进去哉。俚搭黎大人来哚说闲话,笑起来阿要难看!一只嘴张开仔,面孔浪皮才牵仔拢去,好像镶仔一埭水浪边”(15.359)。如果她真的如此丑陋,那么她对客人的吸引力则来自她的财富和名声。财富是这个商业城市里最可靠的,它使丑陋的变为美丽的,使便宜的变为贵重的。像屠明珠那样的妓女通过聚敛财富而延长其职业生涯,她们的魅力就是金钱,她们自己也变成财富的象征。最终,这些财富和男女都将随着时尚的变换而流逝。

室内陈设

社会关系的物化和对时尚物品的追求也体现在妓家的室内陈设。1891 年文人池志澂从杭州到上海旅游,十分赞赏妓家里的陈设:“房中陈设俨若王侯,床榻几案非云石即楠木,罗帘纱幕以外,着衣镜、书画灯、百灵台、玻罩花、翡翠画、珠胎钟、高脚盘、银烟筒,红灯影里,烂然闪目,大有金迷纸醉之概。”①这段文字把妓女闺房描绘得梦幻一般:妓女身上和居室里都展示着贵重的奢侈品。寓居者的梦幻生活是不是都围绕着这些物品?他们的“怀乡病”是不是已经被现代商品拜物教所取代?

但是也有作者把妓家描绘为传统的雅士淑女居室,例如《申报》主编黄式权写道:“媚香楼主人李佩兰,琼姿玉质,恬静寡言。性雅洁,座上无杂宾。入其室者,觉茗碗炉香,位置妥贴,窗明几净,纤尘不染。”②这段对妓女闺房的描述没有多少具体的细节,与文人对妓女容貌的描述相似。王韬对妓家的描写也堆砌着同样诗意而空洞的语言。这些文人意图呈现理想中的才女雅室,也是文人想象中的理想空间。

上述两种对妓家室内陈设的不同描写,或注重展示时尚物品,或强调诗意雅洁,它们反映了迥然不同的现代商业文化和怀旧文人文化。前者是工业文明的“新自然”,后者是前工业文明的“自然”,两者在妓家这一独特的社会空间里交织在一起。当时出版的石印图像也描绘了这两种妓家室内景象:《新辑海上青楼图记》收集了116幅名妓绣像,背景多是传统庭院花园(图24),而《点石斋画报》的一篇关于妓家赌局的报道则较真实地描绘了妓家的室内景象③。

小说《海上花列传》也有对妓家里物质文化和空间环境的描述,其128幅插图中多有描写妓家室内景象,却惜墨如金,没有多少细节(本书选登的数十张插图多半描绘妓家室内)。小说对妓女闺房的描述也很简略,例如幺二妓女陆秀林和陆秀宝的房间:

---

① 池志澂:《沪游梦影》,见《沪游杂记·淞南梦影录·沪游梦影》第163页。

② 黄式权:《淞南梦影录》,见《沪游杂记·淞南梦影录·沪游梦影》第107页。

③ 见图17。

图24　妓女绣像(花雨小筑主人编:《新辑海上青楼图记》第2卷,1895年石印版,第21,22页)

“一切铺设装潢不相上下,也有着衣镜,也有自鸣钟,也有泥金笺对,也有彩画绢灯。”(1.285)新人赵二宝开业时“自去说定鼎丰里包房间,要了三百洋钱带挡回来,……选得十六日搬场,租了全副红木家生,先往铺设,复赶办些应用对象”(35.464)。

妓家是投入较少的小本经营,房屋、家具、首饰,甚至妓女都可以租来。小说里的妓家并不奢侈豪华,所有陈设不过是时下的日常用品,只有银烟筒和首饰较为贵重。上文池志澂的描述其实只是赞叹这些物品的新奇,它们是市买的或租来的,并没有王侯宫殿那么豪华。

小说中展现的妓家生活既不是梦幻奢侈品的展示,也不是怀旧文人的想象。它是一种真实全面的生活经验:热闹的酒局,妓女和相好客人的私下谈话,以及她们期待中的婚姻。妓家在营造寓居者的“替代家庭”时,并不一定要展示奢侈品。当时的媒体也许是为了促进旅游业而过于宣扬妓家的奢华,把妓家同发展中的商业文化结合在一起。另一方面,也有文献把妓家描述成怀旧的小家碧玉,体现了旧式文人文化。这种表述上的差异表明妓家是一种过渡型的社会空间,它既是旧式文人怀念的“自然”,也是工业文明所创造的“新自然”。

随着现代商品经济的发展,事物被简化为片段化的图像,妓女也即将被物品展示所代替,寓居者对“替代家庭”的追求很快将演变成消费者对现代商品的追求。小说记载了这一历史进程的初级阶段,提到了在寓居者日常生活中有重要作用的新产品,其中包括了自鸣钟、保险灯(煤气灯)和着衣镜。它们是“新自然”的代表,并取代了“自然”的时辰、阳光和自我形象。

传统的时间概念体现在光阴一词:天体运行造成的光影流逝。西式钟表用机械运动的节奏取代了自然的节奏,可以“自鸣”的钟让寓居者摆脱了自然的日夜节奏:妓家的每日生活从午后开始,直到深夜或凌晨才结束。煤气灯也是创造这新“日夜”的重要手段,它打破了日出日落的规律,把黑夜变作白日。玻璃大镜取代了旧式的小铜镜,使得主体形象位移到镜里(一个不存在的虚幻空间),仿佛是一个外在的客体,可以供自己观赏和并加以“改造”,成为新时尚的代表。

妓家里另一常见的物质生活是吸鸦片,鸦片这一西方殖民贸易的舶来品也冲击了传统的起居方式。烟榻设在妓家日常生活的中心位置,它其实就是传统的床榻,可坐可卧,供日间使用。不过吸大烟改变了榻上的起居方式,吸烟者不再正坐,而是侧身躺卧,面向烟盘(图25)。小说略有描写客人吸烟的情形:“王莲生躺在榻床右首吸烟过瘾,复调过左首来吸上三口,渐觉眉低眼合,像是烟迷。”(24.404)

烟榻是日间客人“腾云驾雾”的场所,而妓女的大床是他们的夜间美梦之处。这大床设在房间的尽头,传统式样,雕花装饰十分讲究。四周由布帘、木板和顶罩围裹,好像是一个夜间卧息的小密

图25　翠凤吸过两口水烟，慢慢的向子刚道："俚个人生来是贱坯。俚见仔打末也怕个，价末耐巴结点个口；碰着俚哉吨，说一声动一动。"说着转向金花道："我搭耐说仔罢，照实概样式，好好交要打两转得口！"金花听说，呜咽饮泣，不敢出声。(《海上花列传》第32回)

室。在这个神秘的空间前，老爷气概的客人被"驯服"了：他不能要求留宿此处，只能耐心等待妓女请他留宿——通常是在他在这房间里摆了数款酒局并赠送她贵重礼物之后。

床边设有梳妆台，台上有煤气灯、自鸣钟、小镜和一些小饰品。梳理是妓女的日常惯例，坐在床边，她把自己"改造"成一个"装饰品"，此时此处她或许有些安静清醒的时间，并以此来平衡其他时间的纸醉金迷。这里也陈设一些传统的物件，梳妆台上方挂着文人字画和楹联。有些妓女把客人赠送的楹联挂起来，展示她的才女形象。① 挂在房中的书画灯也像传统的灯笼。有的房间用西式墙纸装饰，叫"裱房间"。把传统字画与西式墙纸和其它工业产品结合在一起，这也许就是在妓家里最初创新的"海派文化"。

① 黄式权认为这些楹联的文采很差。黄式权：《淞南梦影录》，见《沪游杂记·淞南梦影录·沪游梦影》第120页。

床和梳妆台设在闺房里端，烟榻设在另一端，两者之间还有足够的空间来摆酒局。人多的酒局要把两三张方桌拼在一起，此外还有供客人“打茶围”用的百灵台（小圆桌）。菜肴都由饭店送到妓家，妓家的厨房提供米饭和热水。

在晚清上海，妓女的身体和闺房都按时尚来装饰。这样的装饰既新奇又神秘，既传统又西式。这一兼容的视觉文化还不完全等同于现代商品的“魔幻影像”（phantasmagoria），同时妓女也没有被完全物化。当时的妓女给客人带来了多种视听享受，包括演唱和交谈；她身上的装饰品也代表她的身份和客人的忠诚，而不是消费性的时尚物品；妓家的美食和鸦片，也为客人带来视听之外的感官享受。

如果传统的娱乐文化强调视听味等各种感官感受的结合，晚清上海的妓家刚刚开始背离这一传统，逐渐过渡到以视觉感受为主的现代娱乐文化。在这一进程中，妓女渐渐丧失她的传统才艺，成为男性窥视的对象和时尚物质文化的展示。

正是这样的历史进程迫使寓居者在上海寻找替代家庭，沉迷于妓家的各种感官享受。妓家并不只是梦幻影像，它是真实的社会空间，是客人梦幻生活的“家庭”环境，小说正是表现了这种环境中的日常生活。没有过多的视觉描写，却有不停的对话和繁琐叙事。但是这样的“家庭”仍然充满了危险和奸诈，也许正是因为它兼容了家庭般的日常生活和梦幻般的感官享受。

暴力与忧伤

妓女展示客人赠送的物品，意图是炫耀她职业的成功和客人的忠心，而客人却认为通过赠送礼品他可以把她变为自己的私有财产。富有的客人为相好妓女置办头饰、衣裳和家具，并要求她不再接待其他客人。小说中的王莲生就与妓女沈小红和张蕙贞有这样的关系:他承诺帮小红还债,还帮助蕙贞从一个幺二住家搬迁到一家长三书寓,通过这样的巨大花费,他希望赢得两位妓女的忠心(图 26,27)。

图 26　王莲生坐在梳妆台前,正摆着四个小碗吃便夜饭。旁边一个倌人陪他同吃,想来便是张蕙贞。善卿到了房里……莲生起身招呼……善卿随意向床上坐下,张蕙贞亲自送过一支水烟筒来。(《海上花列传》第 4 回)

图 27　莲生款步上楼。沈小红也出房相迎……莲生见他一副凄凉面孔,着实有些不过意,嘻着嘴进房坐下。沈小红也跟进来,挨在身傍,挽着莲生的手,问道:“我要问耐,耐三日天来哚陆里?”(《海上花列传》第 4 回)

但是现代都市中人群杂居,引发各种欲望,使得男女之间的忠诚难以维持。莲生一次醉酒后回小红家里,发现小红正在和戏子小柳儿密室媾和。这时他觉得他以前为小红置办的物品都变了,成为小红不忠的象征,于是他就开始打砸小红的房间(图 28):

图28　莲生这一气非同小可,拔转身,抢进房间,先把大床前梳妆台狠命一扳,梳妆台便横倒下来,所有灯台,镜架,自鸣钟,玻璃花罩,乒乒乓乓撒满一地。(《海上花列传》第33回)

> 莲生这一气非同小可,拔转身,抢进房间,先把大床前梳妆台狠命一扳,梳妆台便横倒下来,所有灯台,镜架,自鸣钟,玻璃花罩,乒乒乓乓撒满一地。但不知抽屉内新买的翡翠钏臂、押发,砸破不曾,并无下落。楼下娘姨阿珠听见,知道误事,飞奔上楼。大姐阿金大和三四个外场也簇拥而来。莲生早又去榻床上掇起烟盘往后一掼,将盘内全副烟具、零星摆设,像撒豆一般,豁琅琅直飞过中央圆桌。阿珠拼命上前,从莲生背后拦腰一抱。莲生本自怯弱,此刻却猛如虓虎,哪里抱得住,被莲生一脚踢倒,连阿金大都辟易数步。莲生绰得烟枪在手,前后左右,满房乱舞,单留下挂的两架保险灯,其余一切玻璃方灯,玻璃壁灯,单条的玻璃面,衣橱的玻璃面,大床嵌的玻璃横额,逐件敲得粉碎。(33.456–457)

这些物品成为小红的替罪羊,瞬间被打成废墟。这些物品不仅可以传递爱慕,更可以承载仇恨。当初莲生购置这些物品是为了赢得小红的欢心和忠诚,而现在他只有打碎它们来惩罚小红。这正是现代都市人无法逃避的怪圈：他们的行为越发变化无常而没有意义，到最终，追求物质财富使得相好关系更加脆弱。

这一事件让莲生决定抛弃小红而娶张蕙贞为妾（图29）。但是这场婚姻的结局更为可悲，不久莲生发现蕙贞在他的公馆里和他的侄子发生关系。这次莲生没有去打砸自己的公馆，而是闷打蕙贞，直到她叫不出声（54.567；图30）。此次婚姻失败后，心灰意冷的莲生离开上海到江西去任职。

图29　那时出局到齐，王莲生忽往新房中商议一会出来，却请吴雪香、黄翠凤、周双珠、姚文君、沈小红五人，说到房里去见见新人。沈小红左右为难，不得不随众进见。张蕙贞笑嘻嘻起身相迎，请坐讲话。沈小红又羞又气，绝不开口。（《海上花列传》第34回）

图30　两人刚至门首，只见一个后生慌慌张张冲出门来，低着头一直奔去，分明是王莲生的侄儿，不解何事……突然楼上“劈劈拍拍”一顿响，便大嚷大哭，闹将起来。两人听这嚷哭的是张蕙贞，并不听得王莲生声息。接着大脚小脚一阵乱跑，跑出中间，越发“劈劈拍拍”响得像撒豆一般，张蕙贞一片声喊“救命”。（《海上花列传》第54回）

恼怒客人打砸妓女房间在当时并不罕见,冶游指南解释道:“吃醋争风,动辄行凶,或一人,或纠约数人,顿将房间内陈设物件毁打一空,谓之打房间。”[①]《点石斋画报》对此也有描绘(图 31)。

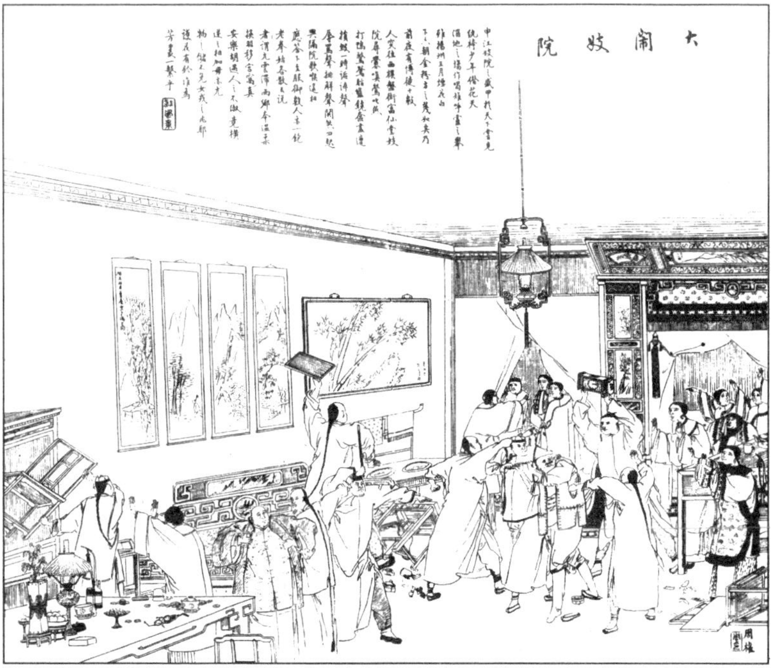

图 31　大闹妓院。(《点石斋画报:大可堂版》第 1 册,第 174 页)

小说中的妓女赵二宝结识客人史天然,在他去南京后一直幻想他即将再来上海迎娶自己,于是就关门停业,专心等待。不料史天然一去不归,二宝不得不重操旧业来还债。一天流氓赖头鼋来访,二宝稍有怠慢,赖头鼋及其同伙就把二宝房间打砸一空(图 32)。二宝也被打伤,在疲惫中入睡,梦到赖头鼋又回来寻事,

① 花雨小筑主人编:《新辑海上青楼图记》,第 6 卷,第 5 页。

图 32　二宝一时爬不起，大哭大骂。赖公子愈怒，发狠上前索性乱踢一阵，踢得二宝满地打滚，没处躲闪，嘴里不住的哭骂。阿虎拦腰抱住赖公子，只是发喊。阿巧横身阻挡，也被赖公子踢了一跤。(《海上花列传》第 64 回)

正要与他对峙，却有佣人来到，报说是史天然在扬州做官，特遣人回来接她去扬州成婚。二宝喜极，正梳妆欲行，这些佣人却变成厉鬼，要捉她而去。这时二宝梦醒，冷汗通身，心跳不止(64.614－618)。小说戛然而止。悲伤、愤怒、喜悦、恐惧在二宝的梦中飞快交替，这正是对都市生活的清醒认识，也只有在被打成废墟的房间里二宝才有如此的清醒。

打砸房间里的物件让妓女伤心，正因为这些物件给妓女带来过短暂的欢喜。而那些生意清淡的妓女，独自在房间里，所有的物件和声音都带来忧伤，有时她们一个人玩骨牌消磨时光(图 33)。妓女李漱芳患有肺病，经久不治，而更让她伤心的是，她的忠心客人因为家人反对而无法娶她为妻(图 34)。一天，她对客人说起她前夜独自在房里却无法入睡：

> 我一干仔就榻床浪坐歇，落得个雨来加二大哉，一阵一阵风吹来哚玻璃窗浪，乒乒乓乓，像有人来哚碰。连窗帘才卷起

图 33　善卿推进门去，直到周双珠房里。只见双珠倚窗而坐，正摆弄一副牙牌在那里“斩五关”……双珠的五关终斩他不通，随手丢下……双玉就坐在双珠坐的椅上，掳拢牙牌，也接着去打五关。（《海上花列传》第 12 回）

图 34　陶玉甫听得李漱芳咳嗽，慌忙至大床前揭起帐子，要看漱芳面色……正说着，阿招已提了一件玫瑰紫夹袄来……浣芳还不肯穿。玉甫一手接那夹袄替浣芳披在身上。（《海上花列传》第 18 回）

来，直卷到面孔浪。故一吓末，吓得我来要死！难末只好去困。到仔床浪哩，陆里困得着嗄，隔壁人家刚刚来哚摆酒，豁拳，唱曲子，闹得来头脑子也痛哉！等俚哚散仔台面末，台子浪一只自鸣跌笃跌笃，我勠去听俚，俚定归钻来里耳朵管里。再起来听听雨末，落得价高兴，望望天末，永远不肯亮个哉。(18.373)

漱芳的死期将至，却听出了妓家生活的真相。当她看不到纸迷金醉的酒局时，却能感受到都市生活的真实一面。入席者沉迷于梦幻光影，看不到都市生活中阴暗的一面，而忧伤的漱芳却感受到妓家梦幻生活的空虚。她去世后，葬礼就在她寓所的天井里举行，而她的房间却凌乱不堪(图35)。钟爱漱芳的客人看到这些,想到漱芳一死,她的房间如此糟蹋,不禁苦苦地又哭了一场(43.508)。只有死亡才暴露出隐藏在梦幻生活背后的不堪。

图35 玉甫想着漱芳所遗物事,未捻秀姐曾否收拾;背著云甫,亲往左首房间要去查看。跨进门槛,四顾大惊,房间里竟搬得空落落的,一带橱箱都加上锁,大床上横堆着两张板凳,挂的玻璃灯打碎了一架,伶伶什什欲坠未坠,壁间字画亦脱落不全,满地下鸡、鱼骨头尚未打扫。(《海上花列传》第43回)

第四章　晚清里弄:院落和庭院的交汇

晚清上海的长三书寓为寓居者提供了一个临时的“替代家庭”,他们纸迷金醉的生活经历发生在类似住家的室内空间——也许是试图重建传统家庭的封闭空间。但是事实上这种新型商住空间是租界里现代房地产经济的产物,它的建筑布局非常紧凑,并与周围的街区相互渗透,并不是高墙围合的封闭空间。

华人在租界里住的街区称为“里”(或叫“坊”),《沪游杂记》中的地图就记载了这些街区的名称。这种街区内的通道被称为“弄”。后来这种房子被习惯称为“里弄房子”,本书也沿用这一概念。但需要指出的是里弄的原型在晚清并不叫“里弄”,这个词没有在当时的文献中出现。

文化史和建筑史的学者对20世纪的里弄房屋已经做了深入的研究,①但是他们还没有着重研究这一空间类型在晚清的起源和社会功能,这些都可以从当时的文献和图像资料中考证发掘。本章将探讨里弄的起源,分析其空间和功能创新,并展示晚清上海寓居者所见所闻的里弄社会场景。

这场景标志着上海现代性文化与中国旧有的王朝文化及地方文化的断裂,这一断裂的过程体现了资本主义组织机构和现代技

① 参见王绍周,陈志敏:《里弄建筑》,上海科学技术文献出版社,1987年。罗苏文:《石库门:寻常人家》,上海人民出版社,1991年。罗小未,伍江:《上海弄堂》,上海人民美术出版社,1997年。卢汉超:《霓虹灯外:20世纪初日常生活中的上海》,上海古籍出版社,2004年。

术对本地华人(寓居)社会的影响,并产生了新的开放式建筑形式和较理性化的城市规划。但是这一影响,更明显地表现为华人对“现代事物”的主动占有和采用。在西方的殖民经济打破了清帝国的防护壁垒的同时,里弄社会空间孕育了一个类似的变革:封闭式居住空间的墙壁同样被洞穿。这并不是一个简单的西化过程,本章着重研究其在华洋杂居的城市环境中的肇始。

里弄的肇始

第一次鸦片战争之后,《南京条约》(1842 年)之下,上海沦为清帝国的对外通商港口,英租界和法租界分别于 1845 年和 1849 年建立。1845 年上海道台和英国领事巴富尔(George Balfour)签订《土地章程》,允许西商永久租赁上海县城以北指定区域内的土地。在向当地居民收购了一块土地后,西商可以建屋自用或租售给其他外国人,但是不能把这些房屋租给中国人,因为租界原本是要保留给西人居住的。但西商很快把这一官方条例放置一边。1853 年 9 月至 1854 年 7 月间,小刀会起义占领了上海县城,大批难民流入租界。西商于是在英租界广东路和福建路一带建造了约 800 间简易木板房,租给华人以获取丰厚的利润。这些房子成为租界里最早的商业化住宅区。咸丰末年,更多江南地区的难民涌入租界,人口暴增至 500000—600000。[①]西商建造了大约 8740 幢简易房出租给这些难民,这些房子都是临时性建筑。这些投机商引进了快速大量营造商业住宅的模式,并成为上海的首批地产开发投机商。

---

① 陆文达,徐葆润编:《上海房地产志》,上海社会科学院出版社,1999 年,第 91 页。官方估计当时租界和上海县城人口总和是 1000000—1500000。参见 C. A. Montalto De Jesus, *Historical Shanghai*, Shanghai: Shanghai Mercury, 1909, p. 233.

战乱之后,寓居者回乡,上海经历了一个短暂的经济萧条期。但在随后的光绪年间上海经济发展迅速,租界人口也剧增。① 由于火灾隐患,当局取缔了木板房。砖混结构的房子形成了里弄的雏形。里弄居民都是经商的华人,自称寓公或寓居沪上。他们构成一个繁荣房地产市场的客户群,他们需求一种新的商住房,其特点是大批量快速营造,便于在(外国)房主及(华人)租户之间转让(或叫“顶”)。

华洋杂居的利弊争论

保守的英国官员并不愿意见到在租界里建房供华人居住,他们担心供难民居住的简易房会把租界变成“一个不能为当地法律所约束的地区,其南部已经被拥挤肮脏房子填满,充满着火灾和瘟疫的隐患,而又有妓院、烟馆、赌场的泛滥”②。

英国领事巴富尔和其继任阿礼国(Rutherford Alcock)从租界的长久安全利益考虑,尽力把租界范围保留为西人居住土地。③ 但是那些来上海寻找发财机会的西商持有不同见解,他们通常在两三年内通过租金来收回购地建房的成本。一位投机商与阿礼国争辩道:

> 你作为大英帝国的领事,自然应当以国家长远利益为重,这是你的事情。但我的事情是抓紧时机发财,如果这是我投

① 根据公共租界的人口普查,1865 年租界人口为 92884,1880 年为 110009,1895 年为 245679;其中绝大多数为华人;参见陆文达,徐葆润编:《上海房地产志》第 119 页。1865 年租界人口普查数据是公共租界华人有 90000,法租界华人有 50000,而外国人只有 5589,参见 De Jesus, *Historical Shanghai*, p. 233.

② De Jesus, *Historical Shanghai*, p. 98.

③ Sir Rutherford Alcock, *Capital of the Tycoon: A Narrative of a Three Years' Residence in Japan*, London: Longman, Green, Longman, Roberts &. Green, 1863, p. 36.

> 资的最好办法,我就把土地租给华人和营造房屋租给他们,以获得30%—40%的盈利。我希望最多在两三年里就能发财,然后就离开。此后的上海或在水火中湮灭,又与我有何干系?①

阿礼国于是认识到他竭力阻止投机商在租界里为华人租地建房是徒劳的。1854年英、法、美的在沪领事修改了《土地章程》,使得租界里的华人居屋合法化。②

清朝官员不赞成华洋杂居,也没有正式认可修改的《土地章程》。当地乡绅有同样的看法,如毛祥麟写道:

> 西商惟知射利,而不知远害。然而盛衰倚伏,道若循环,我恐以是盛者,亦以是衰也。所谓租地者,名虽给价,而图书、地保、通事、账房,辗转扣除,业主所得十仅三四。是以温饱之家,遭此而赤贫者,不知凡几。若以田论,价亦美已。但沪城系通商大邑,东城市闹,房值最昂。有屋一二椽,每岁得租,即有百余金,而地仅分余,如合田价,几不值一哂。惟城西北三四里,屋少田稠,且多义塚,西商不辨肥硗,或得善价。然在地保尽知底细,因串通事以霸持,有丝毫不吐者,若辈居间既可取利,故百端耸动,无不欲西商之广其址也。更有逐利之徒,又租洋商之地,造屋召租,以牟什一,而洋商以民地转取商租,利几百倍。窃维租界日广,则民地日促,蚕食年年,将何底止?

① Alcock, *Capital of the Tycoon*, p. 37 - 38;译文参考卢汉超:《霓虹灯外》第27页。

② 修改的《土地章程》删改了原《章程》中一切有碍房地产经营的条款。被删去的条文有:租界内的土地"本地居民不得自相议租,亦不得再行建房招租华商";外商"亦不得建房转给华民租用";英商租地"每家不得超过10亩以外";如果租定后并不建造房屋的,"将其地基拨给别家租赁"。参见陆文达,徐葆润编:《上海房地产志》第551—552页。

因思洋商重利，益地之请，缘届内之盛，易于取利也。界内之盛，实由华民之铺户杂处其间，商旅咸集故也。若欲绝之，必使华洋分界，使界内既不成市，利又安所取乎？①

与华洋分界的原租界设想相反，投机资本打破了中外保守势力为租界所设的无形壁垒。华洋杂居使得中西传统在租界里碰撞并变异成一种新的混合型文化。这是一种以商业为主导的文化，租界最早的华人居民是避难的乡绅及其子弟，那些让官员头痛的妓院、烟馆和赌场无疑为西商提供了发财机会。于是资本和财富就从旧式的地主乡绅转移到新型城市资本家的手中。

华洋营造商

租界里最早的房地产商有老沙逊（D. Sassoon &. Co.）、怡和洋行（Jardine, Matheson &. Co.）和仁记洋行（Gibb, Livingston &. Co.）。这些公司最初都经营非法鸦片贸易。许多投机商是冒险家或走私贩，靠发一笔横财来提高其社会地位。上海新沙逊（E. D. Sassoon &. Co.）的创始人沙逊（Elias David Sassoon）来自巴格达的一个犹太家族，该家族的跨国商业网络和英国的殖民扩张有着密切联系。1817 年至 1831 年间，奥斯曼帝国统治下的巴格达犹太人受到迫害，一个显贵犹太家族的后裔大卫·沙逊（David Sassoon）逃到印度孟买，他就是 Elias 的父亲。沙逊家族在上海的成就归功于其在东亚和南亚多年从商经验的积累，但是他们的公众形象却从东方商人转变为英国绅士。其他冒险家和鸦片商也急于加入了英国绅士圈，房地产业恰恰给了他们这样的机会。

西商并不与华人地主、承建商和租客直接交易。如以上毛祥

① 毛祥麟：《墨余录》，上海古籍出版社，1985 年，第 131 页。

麟的引文所述,他们的土地购置是通过当地的地保和通事(翻译)的协助来完成的。此时的租界还几乎没有来自西方的专业建筑师和工程师,地产商要依靠他们的买办来监督承建商和管理房屋租赁,而这些买办也很快成为地产商。

最早地产投机商之一史密斯(Edwin M. Smith)来沪之初为汇票掮客,1852 年起从事房地产经营,并于 1870 年前创立了德和洋行(Shanghai Real Estate Agency),由中国木匠程谨轩担任买办。史密斯通过程谨轩建造木板房而大发其财。① 后来程谨轩被称为"中国地产大王",《上海房地产志》记载:

> 程在沙逊洋行修房兼收租,见出租的房屋陈旧危险需要翻建,便乘机提出承租旧房基地翻建房屋,工本由他负担,以 25 年为期,到期房屋归土地业主,并按原房租数付地租,洋老板欣然同意。程谨轩首先选择了今北京路泥城桥一带每幢月租 2—3 元的旧房,将拆下的旧料整理利用,所费资金每幢不足百元,建成后却可收高于原来 2 倍以上的房租,2 年内把造价全部收回。十余年间,程谨轩用同样办法,翻建了沙逊大量旧屋。他获利后再投资,再获利,愈滚愈大。②

类似程谨轩的承建商很多,但关于他们的史料很少。他们多是行当出身,地位低贱。但在上海,他们很快发达,如一首竹枝词中说道的:

> 申江木作每多财,
> 包造洋房巨价开。

---

① 陆文达,徐葆润编:《上海房地产志》,第 451 页。
② 陆文达,徐葆润编:《上海房地产志》,第 189 页。

进出马车如富室，
有时携伞督工回。①

《申报》主编黄式权也赞叹道：

建造房屋俱有匠头包揽。所谓匠头者，居必大厦，出必安车，俨然世家大族。而千百匠人，俱归其统属焉。顾其中亦各分门类，造华人屋宇者，谓之本帮；造洋房者，谓之红帮，判若鸿沟，不能逾越。倘以红帮而兜揽中国生意，本帮必群起攻之；反是，亦不肯相下。甚至蜂拥攒殴，视如仇敌，以至涉讼公堂，亦一恶习也。②

华人买办和匠头在上海的显赫地位是其他城镇的同行无法匹敌的。在这里传统礼制社会的等级被打破了，被儒家鄙视的商人占据了主导地位。这一变革并不仅仅是西化的过程，它其实反映了在华洋杂居环境下新生力量对中西保守势力和传统格局的冲击。

里弄布局与传统街坊

华人营造商比西商更直接地影响了里弄的形成。他们熟悉本土的建筑做法，并用当地材料和技术来营造里弄，使其和江南民居

① 颐安主人：《沪江商业市景词》，顾炳权编：《上海洋场竹枝词》，上海书店出版社，1996 年，第 158 页。该书还收集了几首关于不同建筑作坊的竹枝词。水作：洋场水作亦多财，大小包工细目开。为首独能增利益，居然住宅造楼台。石作：重重石料各方来，包砌庭阶巨作开。更琢玲珑工巧物，技虽卑贱费心裁。漆作：漆工亦有作场开，匾对招牌各业来。任用金朱何等样，广包器具与楼台。

② 黄式权：《淞南梦影录》，见《沪游杂记·淞南梦影录·沪游梦影》第 111 页。

有相似之处。最高档的里弄居屋保留了传统的院落布局,并沿用了当地建筑装饰,如马头墙、石库门和粉墙黛瓦的外观。这些传统民居符号与大批量房地产营造结合在一起而形成里弄(图36)。

传统村镇居民多自己筹资建房,土地自有,也自己监督施工。按《上海房地产志》所述,上海开埠前,一般民居多为低矮平房,主屋面南,三开间或五开间,中间为客堂,两旁为厢房,屋前屋后均留空地,四周绕以矮墙。如家庭人口增长,往往沿中轴线前后增建,形成二进深或三进深,聚族而居。此类民居,城内如此,城外广大农村地区的正规住宅,也多如此,俗称“三合院”“本地房子”或“老宅基”。此外,上海县城内还有不少富商和官僚建造的精致的庭园

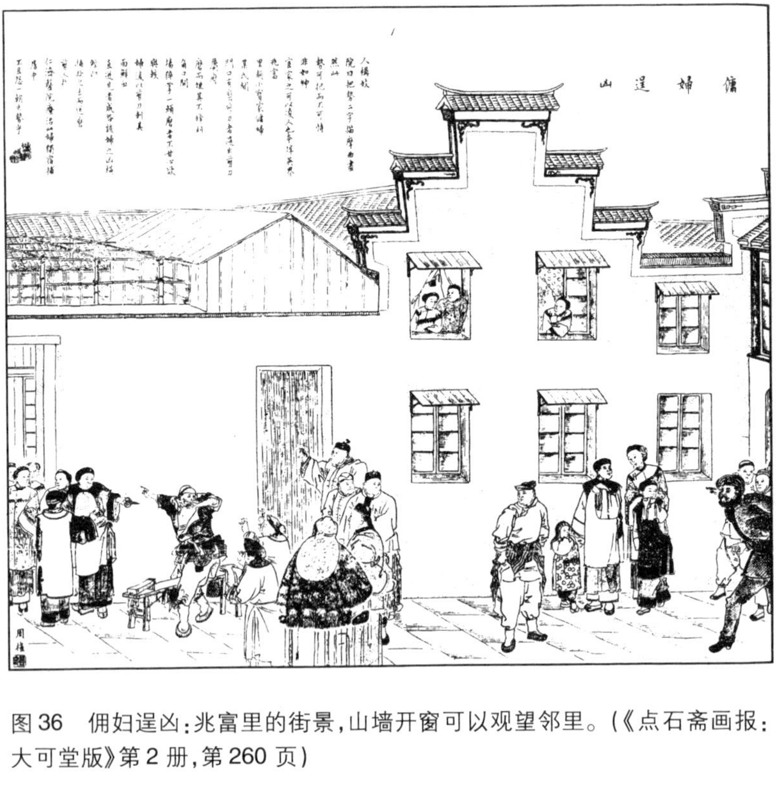

图36　佣妇逞凶:兆富里的街景,山墙开窗可以观望邻里。(《点石斋画报:大可堂版》第2册,第260页)

住宅。[1] 这些民居跨年代建造，经过多年积累形成宜人的江南人家风貌。

在各代王朝，这种民间自由营造方式也受到官方约束。城镇的行政等级越高，政府的管理就越严。在最高等级的都城，集中规划建设的宫殿、庙宇和民居形成棋盘式布局。每个方形街区都围以实墙，实行封闭式管理，如唐长安的坊里。街区内部的宅第建设也有控制，其规模反映户主的官衔等级。不过在王朝后期，大户建屋常会侵街占道，造成坊内甚至大街的不规则形态。

晚清上海里弄的建造依靠商人的资本运作，不受传统官僚管制。最早的投机商通常向当地村民购买大片土地，并得到当地官员的协助。他们在战乱时快速建造多排木房，租给华人难民。这些房屋排列整齐如军营，围合封闭，有两三个出口，并设闸门，这大约就是里弄的雏形。[2]

由于其整齐的行列布局，初期的里弄可以和汉唐古都的坊里相比，而与地方村镇的街区不同。其实“里”这一名称就是借用“坊里”这个古词。不过里弄不是去刻意模仿古都规划，其理性的机械式或军营式排列正是反映了旧王朝帝国和新殖民资本的共同之处，其抽象理性的形式和地方乡土文化形成反差。里弄的排列形式展示了近代投机资本运作的效率而非旧式王朝的威严，的确，里弄房子的大批量营造正是依靠租界里的银行资本。当时的银行为任何持有地契的商人贷款。[3] 另外，由于租界里的道路布局是按西方殖民城市的惯例，即路网密、街区小，与古都规划中的稀疏路网和大街区不同，所以里弄街区的尺度比古都中的坊里要小很多。

---

① 陆文达，徐葆润编：《上海房地产志》，第 91 页。

② 罗小未编：《上海新天地——旧区改造的建筑历史、人文历史与开发模式的研究》，东南大学出版社，2002 年，第 30 页。该书认为里弄的机械排列是受到英国工业城市中的连排住宅的影响，见第 30—31 页。

③ 陆文达，徐葆润编：《上海房地产志》，第 132 页。

咸丰后建造的砖混结构里弄也大多继承了行列布局,并有较为标准的里弄单元。最常见的居住单元是一间两厢,这是个微型三合院,由立贴式木构和砖墙组成。进入石库门可见天井和客堂,两边是厢房。客堂背面是狭窄的楼梯,二楼南向房间宽敞明亮,北向房屋则局促阴冷,叫亭子间。主屋后有披屋,用作厨房、储藏室和杂院,并有后门通相邻弄堂。类似的单元连成一排,前后各有一条弄堂,弄堂尽头通常有一个较大的单元,例如三间两厢,这有的是当初弄堂建造商保留自用的宅第。

里弄单元继承了传统民居的院落布局。开间通常宽 4 米,进深 10 米(其中天井 4 米,客堂 6 米),房间层高 4—5 米,较为高敞。晚清里弄居民多为寓居商贾,他们需要中规中矩的院落居室。不过里弄单元雷同,排列成行,与传统院落不同。两行房屋之间是弄堂或支弄,支弄通总弄,总弄通马路。

里弄的规整布局与传统的礼制空间秩序并不矛盾,后者体现在都城规划上。在汉长安,有围墙的居民区叫里,四边设门叫闾。里闾则指围合的街区,内部也极可能是规整布局,如史料记载:"室居栉比,门巷修直。"①唐长安的坊里规划更为严整,墙内居民受管制,大门在夜间关闭。

自唐朝末年,城市经济发展,坊里制度被取消。宋都城汴梁与汉唐都城大不相同,房屋和店铺向大街开门,街坊不设围墙,地段以街道名称为标识。于是街道取代了围合的坊里成为城市的标识性空间。不过围墙并没有从此在城中消失。后来的朝代,尤其是明朝,建造了更多的城墙。而宫殿、衙门、府邸等都有围墙。城内街道很商业化,即使是小城镇的狭窄街巷也布满店铺。虽然街巷对居民

---

① 引自同济大学城市规划教研室编:《中国城市建设史》,中国建筑工业出版社,1982 年,第 18 页。王韬曾用"闾里"一词来指租界里弄,参见《海陬冶游录附录》第 5700 页。

日常生活和城市经济至关重要,达官贵人却把街巷看作是低等、危险的空间,与围墙内的礼制空间形成反差。这样的空间布局反映了礼制社会的等级观,其中商人的地位较为低下。

与汉唐古都的单一坊里模式不同,宋以后城市的二元空间模式包括了围合的礼制空间和开放的商业空间。后者虽然在城市日常生活中非常重要,但被礼制社会的价值观所忽视。上海里弄空间综合了上述两种街区模式:一方面,里弄房子的大批量生产在某种程度上与古都的坊里规划有相似之处;另一方面,外商和本土承建商的合作不仅使里弄建筑有地方特色而且赋予街道以新的意义,通过把围合坊里和周边沿街商铺结合起来,里弄打破了两者之间的传统界限。这一发展也减弱了传统建筑的围合及防卫功能。

空间的交汇:街道、石库门、院落

里弄一般由沿街商铺围合,商铺后墙把居住区和街道分隔开来。从当时图像资料来看,这些店铺通常是两层建筑的行列,第一层是开放式的,成为街道的一部分。商铺建筑虽然形式单一,但是门牌和标记多样。商铺门面之间,有一个入口有着较为显著的石材装饰,上面有三字组成的门牌,这便是某某里或某某坊的石库门入口(图 37)。

如报人王韬所述,租界的里弄名称是创新的,与以当地名人或行业来命名街道的旧习不同。上海老城厢里的唐家街和梅家街就是纪念名人唐瑜和梅宣使,而咸瓜街和彩衣街则按行业命名。①租界里快速营造的里弄与当地历史和习俗无关,当时的竹枝词描述里弄是建于弃塚之上:"荒坟平后作夷房。"②里弄名称多为吉祥

① 王韬:《海陬冶游录》,见《香艳丛书》第 5641—5642 页。

② 顾炳权编:《上海洋场竹枝词》,第 48 页。

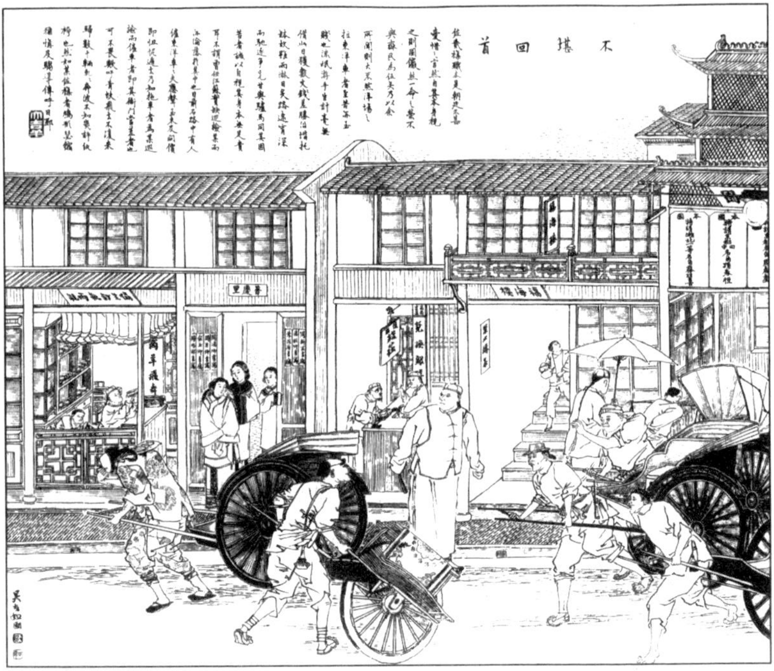

图 37　不堪回首：晚清普庆里的沿街立面，石库门位于商铺之间；一位以前做官的东洋车夫在此遇到一位乘客，后者曾是他的下属。（《点石斋画报：大可堂版》第 1 册，第 29 页）

词汇，也许用来改善原址的不祥风水。如此命名更使得里弄与当地习俗脱节，而类似于王朝都城中里坊的名称，比如借用安、久、福等字。不过与都城里礼制教义的词汇不同，里弄名称多形容财富，如兆荣里、兆华里、兆富里、兆贵里，这样的新地名和租界里的商业环境很协调。

有的里弄占了整个街区，有两三个石库门沿街出入，这和汉长安的里闾相似。晚清的石库门有传统的门头装饰，与江南民居相仿，石库门也可以看作是传统牌坊的一个变形。牌坊和汉唐时期的“闾”或“坊”相似，是村镇或街区的标志性入口，多为纪念当地族人祖先而设，牌坊上的名称也是地名。石库门却展示了和当地传统无关的新名词,通常没有牌坊那么显眼。

与独立的牌坊不同,石库门是里弄沿街建筑的一部分,有的位于二层“过街楼”的底部。与商铺入口相似,它的周围也有商业招牌(如后文将提到的长三书寓的牌子)。这样的招牌展现了里弄街区的商业化,使街道和居家交汇为一体。石库门也出现在里弄街区的内部,是总弄到支弄,支弄到每户的入口。通过石库门的界定,总弄和支弄成为不同私密程度的邻里空间,使交通型的过道空间成为类似庭院的生活空间。

此空间布局和传统院落有异曲同工之处,二者都以交通线路来组织一系列的门廊、庭院和屋宇。不过传统院落有中轴线和较严格的尊卑、内外及性别空间的界定,而里弄空间则更兼容,更流动,综合了居住与商业、院落与街道的空间特点。

庭院和街道是明清江南城镇中由围墙隔开的两种完全不同的空间类型:一边是礼制,一边是市井;一边是达贵,一边是草民。依院落而建的厅堂和街边店铺也是两种不同的建筑类型:一个是中正主流,一个是边缘无形。这个传统空间秩序在上海租界被颠覆了:街道成为无限延伸的每日生活空间,屋宇厅堂要通向街道以成为商业城市中的有机部分。尽管石库门在一定程度上限定了弄堂内的空间,但并没有把它完全和街道分开,街道的商业活动和居屋内的日常生活都会溢出石库门而交汇在弄堂里。

里弄的沿街商铺和内部居屋通常很小,每寸空间都充分利用。它们保留了一些传统江南民居的特点,但变得更紧凑,尤其是住宅的天井狭小,不能完全适应传统的室外起居功能,如《海上花列传》的插图所示(图38)。相比之下,弄堂倒要比旧式街巷更宽敞,更规整。为了让天井显得更大些,每户石库门的上方没有房子,这使得天井有个开口。二楼的窗子可以从这个开口望到弄堂。这样的开放式布局通常出现在街边店铺。传统砖混建筑的开敞式木结构多体现在沿街店铺,而深宅大户则以高墙围合,只有面向庭院的屋宇才是敞开的。

里弄房子保留了这样的敞开布局：其客堂正面由门板组成，二楼及厢房连续长窗。由于二楼高过石库门，其与天井的流动空间越过石库门，和弄堂融为一体，这好像把传统房屋内外翻转。厢房的山墙也向弄堂开窗，更增加了屋宇与弄堂之间的空间流动性①。里弄里也有很多二楼阳台，装饰得如同传统亭榭，直接向弄堂或街道敞开（图39）。

图38 朴斋听了出来，遂由兆贵里对过同庆里进去，便自直通尚仁里。当并寻着了杨媛媛的条子，欣然抠衣踵门，望见左边厢房里一桌碰和，迎面坐的正是张小村。朴斋隔窗招呼，踅进房里。（《海上花列传》第14回）

图39 及至屠明珠姗姗而来，黎篆鸿是认得的，又搭讪着问长问短，一时和屠明珠说起前十年长篇大套的老话来。（《海上花列传》第15回）

① 见图36。

这样屋宇、街道和城市之间的流动空间取代了传统城镇中的封闭式空间。在里弄街区里，人人的日常活动都在他人的注视之下，仿佛整个城市变成了一条大街道。

里弄的商住功能

由于上述的空间创新，对里弄房子的使用也和传统住宅不同。里弄单元是可以转让的租屋，这与较永久的多代同居的住宅不同。作为租界里的寓居人士的临时住所，里弄单元可以被买卖（或叫顶）、转租或分租，而其租金在当时也是非常高的。1876 年出版的租界指南《沪游杂记》有“房价”这一词条：

> 上海租屋获利最厚，租界内洋商出赁者十有六七。楼屋上下各一间，俗名“一幢”，后以披屋设灶。市面租金每月五、六、七两银数不等。僻巷中极廉每间亦需洋银三饼。昔人言“长安居，大不易”，今则上海居尤不易焉。①

不管上海居屋怎么贵，还有更多的华人要移居上海，因为城市为他们提供了很多商业机会。高房价给房主、代理和租户都带来收入，租户还可以做二房东来分租房屋。里弄房子作为商用也可以为租户带来收入。里弄事实上成为商住混合的街区。

“家”或“宅”是传统生活中的重要空间资源，并兼有工作和起居的功能。豪门大户里的书房和账房通常是办公和理财场所，而农家院落也是草民的工作场所；商业发达的城镇住宅更是结合了居住和商业功能，比如著名的苏州机户。不过这些住宅里的工作或商务都是以家庭及其关系网络来组织管理的。街边店铺也兼有

---

① 葛元煦：《沪游杂记》，见《沪游杂记·淞南梦影录·沪游梦影》第 14 页。

社会商业流通和居住的功能。很多店铺在白天和街道融为一体，而到了晚上则成为店主或店员的宿舍。

里弄房子介于住宅和店铺这两种空间类型之间：弄堂较为宽敞可以容纳商业活动，而石库门没有把弄堂和街道完全分隔开来。弄堂和街道虽有所不同但毕竟都是商业性空间。

里弄房子在当时是临时寓所而非永久性居家，寓居者的商业活动也在此展开，他们重新演绎了家的概念。他们要支付高额房租并维持高消费的都市生活，就必须最大限度地利用自己的寓所，所以里弄里就兼容了居住以外的多种商业功能。这里不仅有服务邻里的小生意，而且有大型贸易商行。在《沪游杂记》所列的商号中，18 家丝栈中的 12 家位于里弄，还有 12 家丝号位于里弄。清远里就有 3 家丝栈和 4 家丝号。另外，早安里有 3 家茶栈，南昼锦里有 2 家公所，兴仁里和同和里共有 36 家钱庄或汇业。[①] 到了民国时期，各种各样的产业如报社、工厂都落户里弄。

礼制社会构造了一个从王朝到家庭的连续社会结构，也就是各种社会结构的等同化，这也反映在传统建筑中。不同功能的屋宇，不论是宫殿、庙宇还是大宅，都有同样的建筑空间结构，即以实墙围合的一系列门廊、庭院、厅堂和屋宇。与此类似，里弄单元也是一个“通用空间”。

结构类似的建筑通过标示来展示其不同的社会功能，这一传统做法在晚清上海也很流行，特别是用于里弄这个通用空间。街道上的标示众多，包括里弄门牌，这些门牌展示的新名称没有历史背景，其含义则随着里弄内的社会功能的演变而变化。

当时最显赫张扬的里弄生意就是叫作长三书寓的妓家。当妓女的名牌挂在石库门上，门上的里弄名字就有了新的含义，比如当

---

① 葛元煦：《沪游杂记》，见《沪游杂记·淞南梦影录·沪游梦影》第 77—78，80—85 页。

时一首竹枝词说:

举首咸知众乐场,
美人小字贴门墙。
如看一部群芳谱,
万种名花标目详。①

从晚清到民国时期,上海的各等妓女都在里弄街区里营业,这都在当时的文献中有详细的记载,这些关于妓家的史料提供了较为详细的晚清里弄的社会空间图景。

里弄社会空间案例:晚清妓家

在租界建立初期,上海已有各等妓女。19 世纪 50 年代初来上海的王韬就提到了在黄浦江妓船上的广东妓女和昂贵的"西洋妓艘",还有一些低等的本地妓女在"城外临河一带,自北至东,亦多倡家,编竹为篱,抟泥成壁,湫隘殊甚"。② 高级的本地妓女都在县城里的虹桥、梅家街、唐家街等处,王韬记载道:

虹桥左侧,鳞次以居,其中粉黛杂陈,妍媸毕具,无不各分门户,以苏常者为佳,土著次之,维扬江北又其次也。修容饰貌,争妍取怜,所着衣服,竞尚新裁,灯火连宵,笙歌彻夜。裙屐少年,鲜不丧魂惑志者,其即销金之窟欤。③

① 顾炳权编:《上海洋场竹枝词》,第 89 页。
② 王韬:《海陬冶游录》,见《香艳丛书》第 5643 页。
③ 王韬:《海陬冶游录》,见《香艳丛书》第 5641 页。

城内其他地方的妓家则较为僻静：唐家街“悉丽人所居，途虽逦迤，游踪竞集”；梅家街“地颇幽僻，每有丽姝，避喧趋寂，僦屋其中。靓妆雅服，位置自高，羞与坊曲中伍”。① 王韬的这些记载与明清的文人笔记中的“小家碧玉”相似，都暗藏在“深街曲巷”中。

二十多年后，上等妓家都在租界里。此时王韬虽然身在香港，却又根据友人的报道描写了一幅租界里华人欢乐场的新景象：

> 沪上租界，街名皆系新创，如兆富里、兆贵里、兆荣里、兆华里、东昼锦里、西昼锦里。教坊咸萃于此。此外如日新、久安、同庆、尚仁、百花、桂馨各里，亦悉系上等勾栏所居，俗称板三局。一时杨柳帘栊，笙歌若沸，枇杷门巷，粉黛如云。当此二分月上，歌舞场开，十里香迷，烟花薮启。色烂银花，可号长春之国；光摇火树，真成不夜之天。羡景物之撩人，觉风光之假我。莫不尽态极妍，驰芳南部；争怜献媚，斗艳西方。斯固寻乐之窝，而为销金之窟也欤。②

数年后，在上海居住的《申报》编辑黄式权描写了一幅类似的场景：

> 沪上无画船水榭之胜，青楼妙选，多麇曲巷中。如东西荟芳里、东西公和里、合兴里、合信里、绘芳楼、小桃源、毓秀里等处，楼深巷狭，曲折回旋。每当夕阳欲下时，罗绮风柔，管弦声沸；脂香粉腻，如水如云。游客至此，真有迷路出花难之势。至东西棋盘街、兆荣里、肇贵里、百花里、公顺里、桂馨里诸处，

① 王韬：《海陬冶游录》，见《香艳丛书》第5642页。
② 王韬：《海陬冶游录附录》，见《香艳丛书》第5686页。

昔之称烟花窟者，近来俱住次等勾栏。而走马王孙，挥金大腹，无复歌坠鞭入院者矣。①

与二三十年前上海县城里的“小家碧玉”相比，此时租界里的妓家规模更大，名声更显赫。它们的成功得益于开放式的里弄商住空间，当时最有名的里弄就是四马路一带的高级妓家区。《沪游杂记》中记载的上海租界十景之一“桂馨访美”就是指到桂馨里去光顾名妓。②

在里弄街区里，妓家能够灵活运用建筑空间。一个典型的妓家有三四个妓女和一个鸨母组成，没有鸨母的妓家由房东管理，独立经营的妓女可以在较大的妓家中租一个房间来做自己的生意。一个妓家通常租用一个里弄单元，并对里面的房间灵活使用。小说《海上花列传》描述了一个较大的妓家的空间布局：

原来屠明珠寓所是五幢楼房，靠西两间乃正房间；东首三间，当中间为客堂，右边做了大菜间，粉壁素帏，铁床玻镜，像水晶宫一般；左边一间，本是铺着腾客人（让客人等待）的空房间，却点缀些琴棋书画，因此唤作书房。（19.378）

西式的“大菜间”位于楼房中央，而客堂和书房的位置稍偏，这也打破了传统的中轴线空间布局。这一天该妓家要为一位富商客人庆祝生日，客堂和天井被打通，形成一个临时的小戏台和西餐厅。该情节的插图显示了妓家中很多混杂的因素：华与洋、传统与现代、显贵与通俗（图40）。

---

① 黄式权：《淞南梦影录》，见《沪游杂记·淞南梦影录·沪游梦影》第144页。

② 葛元煦：《沪游杂记》，见《沪游杂记·淞南梦影录·沪游梦影》第51页。

图40　只见客堂板壁全行卸去，直通后面亭子间。在亭子间里搭起一座小小戏台，檐前挂两行珠灯，台上屏帷帘幕俱系洒绣的纱罗绸缎，五光十色，不可殚述。又将吃大菜的桌椅移放客堂中央，仍铺着台单，上设玻罩彩花两架及刀叉瓶壶等架子，八块洋纱手巾，都折叠出各种花朵，插在玻璃杯内。(《海上花列传》第19回)

小说中的妓女张蕙贞在客人王莲生的帮助下搬迁到东合兴里，当天王莲生雇了一个小戏班在天井里奏乐来庆祝蕙贞乔迁，并在楼上蕙贞租的房间开酒局(图41)。天井里的奏乐庆典虽然是针对一个独立经营的妓女，却使整个妓家共享戏班奏乐，并使其商业活动扩散到整个里弄街区。

请戏班到妓家演出较为常见，通常是把客堂改造成戏台(图42)。此外妓家的客堂里有时还举行其他庆祝活动，比如“烧路头”(供财神)和宣卷(宣读道教的神仙故事，图43)。类似的庆典活动使独立经营的几个妓女形成一个邻里社区，这也表明庭院及客堂仍然发挥着其传统功能，它们也可以被改造来容纳新的功能。

在妓家里，只有在某些重要日子里才会使用客堂和庭院，而平常日子里，天井和客堂大多是被遗忘的空间，因为妓家的经营活动主要在二楼的妓女闺房里。这些房间的使用更为灵活，有私密性的妓女和客人的约会，有三五人的下午茶会(打茶围)，还有数十人的酒局(详见第三章)。这样的楼上房间本应该是私密性的，但

图41　莲生乃命转轿到东合兴里,在轿中望见“张蕙贞寓”四个字,泥金黑漆,高揭门媚。及下轿进门,见天井里一班小堂名,搭着一座小小唱台,金碧丹青,五光十色。(《海上花列传》第5回)

图42　跨进门口,便仰见楼上当中客堂,灯火点得耀眼;憧憧人影,挤满一间;管弦钲鼓之声,聒耳得紧。(《海上花列传》第44回)

图43　李实夫固辞不获,被姚季莼拉进尚仁里,直往卫霞仙家来。只见客堂中挂一轴神模,四众道流,对坐宣卷,香烟络绕,钟鼓悠扬,李实夫就猜着几分。(《海上花列传》第21回)

在上海却成为一个经营性“公共空间”，它取代了传统庭院或厅堂的中心地位。如此对传统建筑空间格局的逆转和重构也反映在二楼闺房的女性空间直接向弄堂或街道开窗。开放式的二楼房间有开阔的视野，使得妓女及其客人可以与周围弄堂环境相互交流（图44）。同时，妓女闺房的活动也可以从弄堂里看到，如一首竹枝词描绘道：“昼锦东西街两条，红楼隐约有藏娇。”①

由于二楼成为经营活动中心，客堂和天井一般是佣人做家务的地方。白天妓家的石库门一般开着使得厅堂通风，于是天井和弄堂相互连通（图45）。小说中初到上海的赵朴斋看到以长三书寓著名的尚仁里，就进去逛逛：

> 只见弄内家家门首贴着红笺条子，上写倌人姓名。中有一家，石刻门坊，挂的牌子是黑漆金书，写着“卫霞仙书寓”五字。朴斋站在门前，向内观望，只见娘姨蓬着头，正在天井里浆洗衣裳，外场跷着腿，正在客堂里揩拭玻璃各式洋灯。有一个十四五岁的大姐，嘴里不知咕噜些什么，从里面直跑出大门来，一头撞到朴斋怀里。朴斋正待发作，只听那大姐张口骂道：“撞杀耐哚娘起来，眼睛阿生来哚！”朴斋一听这娇滴滴声音，早把一腔怒气消化净尽，再看他模样俊秀，身材伶俐，倒嘻嘻的笑了。那大姐撇了朴斋，一转身又跑了去。（2.290）

后来朴斋再次遇到了这个大姐。她叫阿巧，不久辞去了在卫霞仙家的工作，转到朴斋妹妹赵二宝家做大姐，并和朴斋有染，最终和他结婚②（62.603－606）。可见这桩姻缘就是从一次弄堂里的偶遇开始的。

---

① 顾炳权编：《上海洋场竹枝词》，第56页。

② 见图47。

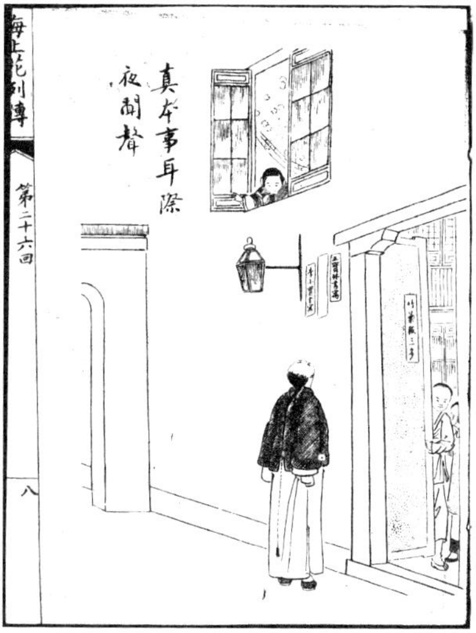

图 44 庄荔甫从容款步,仍回西棋盘街聚秀堂来。黑暗中摸到门首,举手敲门,敲了十数下倒是陆秀林先从楼上听见,推开楼窗,喊起外场,开门迎进。(《海上花列传》第 26 回)

图 45 夏余庆听得娘姨开出门去,和敲门的"唧唧"说话,那敲门的声音似乎厮熟。夏余庆一手推开潘三,赶出房门看是何人,那敲门的见了慌的走避。夏余庆赶出弄堂,趁着门首挂的玻璃油灯望去,认明那敲门的是徐茂荣,指名叫唤。(《海上花列传》第 55 回)

弄堂也是佣人的活动场所,他们为妓家或商人服务,在弄堂里跑腿、送信。同时小贩、裁缝,以及酒楼和戏园的信使等也常常出没于弄堂中。这些人中也混杂着流氓无赖,他们不时在弄堂里打架闹事,骚扰妓家的女佣,如《点石斋画报》一篇题为《龟子横行》的报道指出:"将欲灭礼法,丧廉耻,极人世间至不洁之行为,而见所未见,则必到租界上四马路,而后风俗之坏,叹为观止。试举一端,以概其余。每当电气灯燃,琵琶声动,即有无赖子聚党而游,遇出局轿过,则拦截其随轿之婢女,而调戏之,又乘势窃其首饰,众目昭彰,略无顾忌。然则此辈究何许人耶? 曰即诸妓馆之龟子龟孙也。”作者最后叹道:“同类相侵,抑何太横?”报道的图像描绘了四马路一带弄堂里的无赖(图46)。

图46　龟子横行:弄堂无赖骚扰妓女的女佣。(《点石斋画报:大可堂版》第4册,第32页)

商人一般坐轿子或人力车(东洋车),尽量避免在弄堂里行走,和旧式乡绅一样,他们把街道和弄堂看为低等而又危险的空间。他们很少逛街休闲,而是更多地在妓女闺房中饮酒取乐。妓家卖给他们一个虚幻的家庭空间,在其中他们可以看到街道和弄堂,但同时又和它们保持距离。

这个视觉优势弥补了失去的传统大庭院。狭小的天井已不再是每日生活的中心,它与弄堂连为一体,而富贵的空间则多在二楼。但是这个高过弄堂和街道的室内空间也是同样的危险和杂乱，并最终和街道及弄堂形成一体。在这里，妓女和客人的“攀相好”实际上类似于街道上的商业活动（见第三章）。

妓家中最隐秘的房间是楼梯后面的小屋，叫作亭子间，多用作女佣的卧室，也是她们私密的生活空间。赵朴斋和阿巧就是在亭子间偷情被妹妹赵二宝发现的（图 47），周兰家的娘姨阿金也乘开酒局繁忙时和一个商人的男佣在亭子间里鬼混（28.428），妓女沈小红姘戏子被王莲生发现时也是在一个亭子间里（33.456）。这些隐秘的情爱在当时被看作是不正当的，却是妓家商业活动之外的真实生活内容。

图 47　二宝十猜八九，翻身上楼，趱进亭子间，径去大姐阿巧睡的床上，揭起帐子看时，果然朴斋、阿巧两人并头酣睡。二宝触起一腔火性，狠狠的推搡揪打，把两人一齐惊醒。朴斋抢着一条单裤穿上，光身下床，夺路奔逃。（《海上花列传》第 62 回）

妓家的确既是住家也是商家，它是妓女和佣人的栖息之所，也是寓居者购买的一个替代家庭。这个模糊而多元的空间预示着一种新的城市住宅：居住空间成为城市公共空间和商业活动的有机组成部分，这一特点打破了传统住宅的中轴空间秩序和封闭式布局。

里弄街区的社会等级

晚清上海的华人街区多集中在租界的西部。北京路(后马路)附近的里弄多用作商人公馆或货栈,如上述《沪游杂记》中所列的商家就多在此处。而娱乐消费街区则集中在四马路中段,和赛马场相邻,也与法租界、老城厢相距不远。尽管里弄这一空间类型可以兼容各种不同的商住功能,但每条里弄或弄堂通常聚集了相同的行业或住户,并因此获得较为固定的空间特征,所以住家和妓家一般不会混杂在一条弄堂里。

当地居民都知晓每条弄堂的社会特征,并记得住其石库门上的标示。《海上花列传》中小店主洪善卿得知他的亲戚要搬到清和坊,就怒斥他们:“该搭清和坊,耐晓得是啥场花嗄?”因为他的侄女很快就要开妓家做生意,他觉得自己会在朋友面前丢面子(31. 444 - 445;图 48)。

图 48　二宝恐母亲语言失检,跟随洪氏下楼,见了善卿。善卿不及寒暄,盛气问洪氏道:“耐阿是年纪老仔,昏脱哉！耐故歇勿转去,再要做啥？该搭清和坊,耐晓得是啥场花嗄？”(《海上花列传》第 31 回)

不仅家庭妇女和妓女生活在不同的里弄街区,而且不同类型的妓女也在不同街区经营和生活。一流妓女长三书寓聚集在四马路附近的里弄,次等的幺二堂子则多在棋盘街上大楼房里经营,和法租界和上海县城相邻。

低等妓女散布在这两个区域周边的简易里弄中。这种简易单元多为单开间无天井,开门有楼梯直通二楼,每两列单元共享一条弄堂和一个石库门。《点石斋画报》有这种简易里弄房子的描绘:有低等妓女聚集的兰芳里和新永庆里(图49,50),还有工薪阶层居住的法租界西新里(图51)。

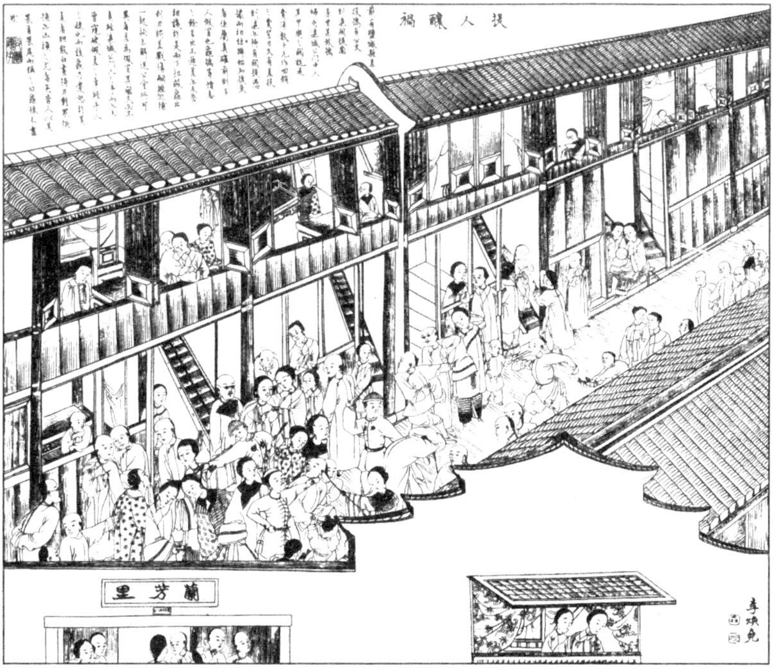

图49　提人酿祸:兰芳里的花烟间。(《点石斋画报:大可堂版》第1册,第140页)

图 50　斗鸡走狗：福州路附近新永庆里的野鸡在拉客。(《点石斋画报：大可堂版》第 2 册，第 151 页)

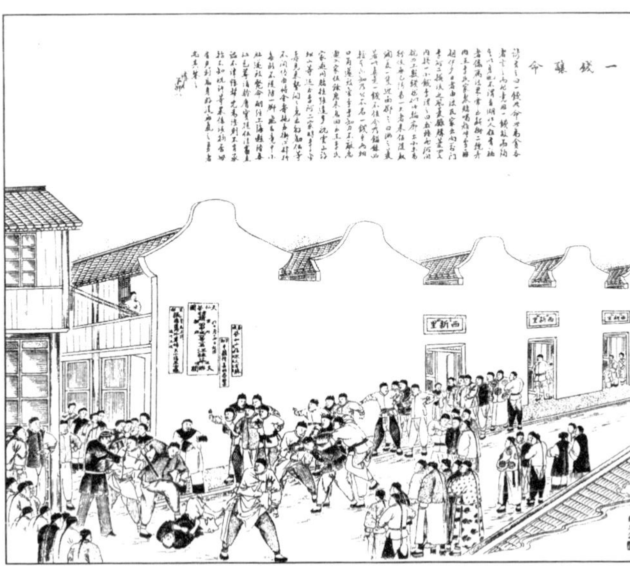

图 51　一钱酿命：法租界新街附近的西新里有人聚众斗殴。(《点石斋画报：大可堂版》第 7 册，第 284 页)

这种叫作“花烟间”的低等性交易场所，大多是租用单开间的里弄单元。小说中的赵朴斋初来上海，要去“白相”，朋友劝他去“老老实实的场花……比仔长三书寓，不过场花小点，人是也差勿多。”他们于是：

> 过打狗桥，至法租界新街尽头一家，门首挂一盏熏黑的玻璃灯，跨进门口，便是楼梯。朴斋跟小村上去看时，只有半间楼房，狭窄得很。左首横安着一张广漆大床，右首把搁板拼做一张烟榻，却是向外对楼梯摆的，靠窗杉木妆台，两边“川”字高椅，便是这些东西，倒铺得花团锦簇。（2.287－288；图 52）

图 52　法租界偏僻街区里的一个花烟间。（《海上花列传》第 2 回）

寓居者的社会地位在一定程度上是通过他们所居住的建筑空间来表现出来的。富商的公馆和他们所光顾的妓家代表了他们的财富和显贵地位。他们的社交圈中也包括一些小商人，比如小说中的洪善卿，这些人也竭力保持高消费的生活方式，通过逛妓家吃花酒来提高自己的身份。

当时的冶游指南都列举城市中的各等妓女，并用上等、次之、品下等词来区别长三书寓、幺二，以及各种低等妓女（包括野鸡和花烟间），这有点像重建传统的社会等级。但是新的商业社会结构不同于旧的礼制社会结构，各种妓女多反映狎客的社会阶层，她们之间的相互竞争也与礼制社会中的尊卑等级形成反差。

妓女的（经济）地位随着市场的波动而变动，很多妓女小传记载了这样的变动：比如王桂香起初在棋盘街做幺二，1889 年出名，就搬到兆贵里做书寓。[1] 小说中的王莲生就帮助妓女张蕙贞从祥春里的“幺二住家”搬到长三书寓聚集的东合兴里（4.299）。

各种低等性交易场所之间就更难以区分。小说中富商的男佣就常常在为主人跑腿的间隙去光顾各种野鸡和花烟间，在那里他们也会遇到一些流氓狎客。一天，三个佣人和一个流氓在野鸡潘三家碰面后[2]（图 53），又一同来到法租界新街的一处：

图 53　两人转至居安里，摸到潘三家门首…… 张寿见厢房内有些火光，三脚两步，直闯到房间里，来安也跟进去。只见一人从大床帐子里钻出来，拍手跺脚的大笑。看时，正是徐茂荣。（《海上花列传》第 5 回）

① 花雨小筑主人编：《新辑海上青楼图记》，第 3 卷，第 21 页。

② 另见图 45。

推开一扇半截门阑进去。里面只有个六七十岁的老婆子,靠壁而坐。桌子上放着一盏暗昏昏的油灯……张寿问道:“该搭是啥个场花嗄? 耐哚倒也会白相哚!”长福道:“耐说像啥场花?”张寿道:“我看起来叫‘三勿像’:野鸡勿像野鸡,台基勿像台基,花烟间勿像花烟间。”长福道:“原是花烟间。为仔俚有客人来哚,借该搭场花来坐歇,阿懂哉?”(5.305)

张寿所说的台基是为良家妇女和狎客提供相会乃至性交易的场所,这在当时被认为是最道德沦丧的性交易,遭到官府的禁止。台基也是隐藏在一些里弄街区里,有时也会吸引一些有身份的客人,例如《点石斋画报》报道:本地人郁某到会香里某台基狎妇女被官府抓获(图54)。

图54　律重诛心:会香里的台基。(《点石斋画报:大可堂版》第7册,第185页)

高级妓家和低等性交易有着更明显的等级界限，一般是商人光顾前者而他们的佣人光顾后者。但是有时这个“常规”也被打破，对此《海上花列传》有一段生动的描述。齐啬商人李实夫到茶楼找野鸡，结识了低级妓女诸十全，并常常到她家中做客（图55）。有一天他的佣人匡二发现了这个秘密：

图55　实夫上楼进房，诸十全羞羞怯怯的敬了瓜子，默然归坐……正要擎杯举筷，忽听得楼下声响，有人推门进来。诸三姐慌的下去，招呼那人到厨下说话，随后又喊诸十全下去。（《海上花列传》第16回）

匡二微笑应诺，转身和长福同行。行至石路口，只见李实夫独自一个从石路下来，往西而去。匡二诧异道：“四老爷望该首去做啥？”长福道：“常恐是寻朋友。”匡二道：“勿见得。”长福道：“倪跟得去看看。”两人遮遮掩掩一路随来，相离只十余步。李实夫一直从大兴里进去。长福、匡二仅于弄口窥探，见实夫踅至弄内转弯处石库门前，举手敲门，有一老婆子笑脸相应，进门仍即关上。长福、匡二因也进弄，相度一回，并不识何等人家。向门缝里张时，一些都看不见；退后数步，隔墙仰望，绿玻璃窗模糊不明，亦不清楚。徘徊之间，忽有一只红颜绿鬓的野鸡推开一扇楼窗，探身俯首，好像与楼下人说话，李实夫正立在那野鸡身后。匡二见了，手拉长福急急回身，却随后听得开门声响，有人出来。长福、匡二走至弄口，立定稍待，见出来的即是那个老婆子。匡二不好搭讪，长福贸然问老婆子道："耐个小姐名字叫啥？"那老婆子将两人上下打量，沉下脸答道："啥个小姐勿小姐，勿要来里瞎说！"说着自去。长福虽不回言，也咕噜了一句。匡二道："常恐是人家人。"长福道："定归是野鸡；要是人家人，再要拨俚骂两声哩。"匡二道："野鸡末，叫俚小姐也无啥啘。"长福道："要末就是耐哚四老爷包来浪，勿做生意哉，阿对？"匡二道："管俚哚包勿包，倪到潘三搭去。"（26.418－419；图56）

图56　李实夫一直从大兴里进去。长福、匡二仅于弄口窥探，见实夫趄至弄内转弯处石库门前，举手敲门。（《海上花列传》第26回）

当天晚上匡二去光顾野鸡潘三，被另一个流氓赶了出来，这使得他很嫉妒李实夫。于是第二天他借口送信闯入大兴里诸十全家里，使李实夫很羞愧。但自从这个秘密被揭穿，他更常去诸十全家（27.423）。李实夫是旅沪商人，和佣人匡二一起住在客栈里，年老孤独。他尽量回避朋友们在妓家的酒局，而去那个"实在"的野鸡家里。在这里,野鸡和老鸨为他做饭,说他是她们唯一的客人。这显然是在骗他。李实夫后来染上梅毒,也是为光顾野鸡所付出的代价。最终他的佣人匡二把他和弟弟存在客栈的钱财洗劫一空,逃得无影无踪(图57)。小说中还有很多其他客人既逛幺二堂子又逛花烟间,这些情节都较真实地表现了晚清寓居社会的流动性、不定性,以及潜在的危险性。

图57　正自忙乱不了,只见一个外国巡捕带着两个包打听前来踏勘,查明屋面门窗一概完好,并无一些来踪去这,此乃监守自盗无疑。鹤汀说出匡二一夜不归。包打听细细的问了匡二年岁、面貌、口音而去。(《海上花列传》第60回)

在晚清上海的寓居社会中,传统礼制社会结构和等级界限在很大程度上被打破了。当时的里弄和城市形成一体,像是一条无限延伸的大街道,其中寓居者可以享受新的城市景观。在这样的开放式的城市空间里,寓居者像是大街上的过路行人一样,具有很大的空间活动范围和流动性。他们与旧式城镇中大户人家里的居民迥然不同,他们所居住的里弄和街道交汇在一起,打破了传统礼制空间秩序和结构。在住家院落和商业街巷交错杂处的晚清上海,街道成为城市的主导空间。

里弄是一种多元而混杂的空间类型，兼容了围合街区和开放街道的特点。它是上海租界外商和华商合作营造的产物。它结合江南地方文化和殖民经济，综合了商住功能，也容纳了各类居民。因为其空间的模糊性，里弄似乎是从传统城市空间到现代城市空间的过渡类型。的确，晚清的里弄多在民国时期被翻造，被“现代化”了。新式里弄空间更紧凑，并多采用西式建筑符号，形式上不同于江南民居。但是里弄作为一个独特的空间类型一直在城市中保存下来，并成为上海文化的特征。它是没有围墙的空间，这与北京的胡同大院不同，也和幽深的苏州街巷不同，它代表了上海文化空间独特的现代性。所以里弄并不是一个简单的过渡空间类型，而是一种复杂和混合的现代性空间，是与西方现代建筑的纯净空间迥然不同的另一种现代城市空间。

第五章　马路与市场:城市奇观和街头人群

租界里的华人多居住在里弄街区里,这里是街道的延伸:新型街区的空间布局使得各种寓所成为城市商业网络的一部分。里弄外面是宽敞平直的马路,马路两旁有高大的洋房和各种新型商业空间,比如大型茶楼和密集的商铺。这样的"夷场"奇观与传统江南城镇景观截然不同。寓居上海的诗人袁祖志吟道:

申江好,
马路说洋场。
万户千门皆孔道,
四通八达尽康庄。
示我咏周行。①

其实和里弄街区一样,马路和洋楼也是华人对西式空间原型的采用和改造。寓居者沉醉在新奇的城市景观中,本章将重现他们眼中的马路奇观并分析他们在新型公共空间里的感受和行为。各阶层的男女都聚集在这些公共空间里,但是理性清晰的城市布局与无形的街头人群形成矛盾,正是这两者之间的相互作用促使了现代市民的形成。

---

① 引自黄式权:《淞南梦影录》,见《沪游杂记 · 淞南梦影录 · 沪游梦影》第142页。

“人工巧极”

晚清同治到光绪初年(19世纪六七十年代),上海取代了曾经战乱的苏州而成为江南的第一旅游城市。寓公、文人和冶游客蜂拥而至,来享受这个新型商业城市,光顾各种娱乐空间,他们所欣赏的新城市景观完全不同于传统文人所推崇的山水景观。当时的冶游指南常把以山水为主导的文人旅游与海上冶游做一对比:“男子桑弧蓬矢,志在四方。所过名山大川,层楼飞阁,仰观宇宙之大,俯察品类之盛,所以游目骋怀,足以极视听之娱乐。”①

文人出游,虽然他们也赞赏亭台楼阁,但是认为这不过点缀山水而已,没有至高的审美价值。1884年申报馆出版的《申江胜景图》在序言中提到关于自然奇观和人造景观的传统观念:“自来以名胜闻天下者,有天,有人。冈峦隐秀,烟水渺弥,出于天者也;辅以亭台,缭以栏槛,出于人者也。天人交至者,其胜全有,人而无天,俗者趋之,雅者违矣。”②

天人交至是文人的理想景观所在,它是以天为准的。中华文化中的“天”是一个外延很广的概念,既指自然的天空也指神圣的上帝;它既是自然的又是超自然的,这就在很大程度上模糊了世俗与神圣(自然与超自然)之间的界限。与此相反,西方文明中的犹太教和基督教把上帝与自然世俗看作完全对立的两种不同的概念。自从西方文艺复兴和启蒙运动以来,上帝其实演变成一个代表人文主义的概念,西方近代文明实际上是以上帝为名来实现人类对自然的征服。而中华文明则始终把天然置于人与社会之上,并以天为准则来提倡天人合一,这也体现于倡导建筑与环境协调

---

① 梅花盦主编:《申江时下胜景图说》,卷上,第1页。

② 吴友如绘:《申江胜景图》,卷上,第3页。

的风水理论和实践。所以亭台楼阁是借自然景观生色,而并非独立于自然的人文景观。

这样的风景建筑多位于偏僻的乡村或山区,与城市中的“人而无天”的建筑迥然不同。天人合一的概念也体现在城市与乡村之间的有机连续:所有的村庄、集镇、城市形成连续的网络,覆盖着这个泱泱大国,并且与自然景观协调。各地的城镇村庄虽然大小不一,却没有明显的城乡差别:这就形成了一个城乡连续体。城镇和村庄的有机增长形成了宜人的乡土风貌,而都城的严整规划则体现了一个构建的神圣空间秩序,后者代表皇权的“天”,它与文人和乡土文化中的“天”有所不同,所以都城的空间秩序不同于城乡连续体中的有机空间秩序。

上海开埠以来的城市化进程挑战了传统的天与人、城与乡之间的空间秩序,新城市景观同已有的地方和都城景观迥然不同,《申江胜景图》的序言赞美道:

> 然而炫异吟奇,有迥出于寻常意计之外,实为中土亘古所未有。所谓人巧极而天工夺,虽博雅之士,亦思先观为快,而不必天趣之求者,如申江诸胜是也。申江为淞郡一隅,道咸间,中外通商,泰西诸国麇集。我朝割滨江尺土以界之,以为贸易之所。不转瞬间,而遂为中夏一大都会。其煌祠之宏整,津关之壮伟,形势之巩固,不得以他邑比矣。若夫高桅劲橹,簇列浦潋者,各国之番船也;巍楼杰阁,掩映金碧者,西人之馆宇也。微雨新晴,驾轻就熟,左驰而右逐者,遨戏之车马也;曲眉丰颊,嚼徵含商,魂销而心醉者,风流之薮泽也。而又摄电气以为灯,通地道以引火,高冠服御,器用别有天地。①

① 吴友如绘:《申江胜景图》,卷上,第3—4页。

人造景观巧夺天工，这就打破了天人合一的传统。序言作者并没有一味推崇新景观而摒弃传统。他在赞赏“巍楼高桅”的同时，又把上海说成泱泱大国的“滨江尺土”。正是这个弹丸之地像一扇打开的窗口让更大的世界进入了中国，并形成了“泰西”与“中土”的对立。这个小小城市所代表的大世界使得作者感到困惑，他强调租界之小并赞扬中土的宏大。但正是这个租界打破了封闭大国的城乡格局：城市和乡镇形成反差，天然与人工也从合一转变为对立。

建筑稠密的城市和周围的乡村割裂开来，却同远隔重洋的殖民资本主义经济联系在一起。这是一个从土到洋的过程：以城市为中心，以海洋为联系的新文化取代了以乡村为主导，以漕运为联系的旧中华帝国的地理结构。与海外的联系是通过建筑的高度（或者是序言中所提到的桅杆高度）来表现的，于是新建筑就不像传统建筑那样水平向延伸，它们的高度和乡村自然环境形成对比；高大的建筑也互相隔离开来，而不像传统村镇那样连成一片。传统建筑的高度一般代表了政治或宗教的权力，比如佛塔和紫禁城的大屋顶，此时的上海却公然地像帝国都城那样向高度发展。这座城市的确正在发展成为西方殖民帝国的远东中心，并对旧中华帝国形成威胁和挑战。

除了引进新的建筑高度，上海租界的发展还体现了一个新的时间和历史概念。《申江胜景图》的序言把租界的发展溯源到废弃坟冢的巨变，①这个死亡而贫瘠的土地与传统文献中的风水胜地完全不同。西方作者则对此有不同描写，比如英国领事阿礼国把从1844年到1859年的租界变化描写为从农田到繁密街市的转变：“十五年前，这里还是一片农田，种着玉米、稻谷和棉花，而今天外侨的屋宇已经覆盖了超过一平方英里的范围，都是些西商的住

① 吴友如绘：《申江胜景图》，卷上，第5页。

所和库房。"[1]序言的作者为什么把租界的过去想象成废弃坟冢?这暗示着租界的巨变源于一种逆天的力量。废弃坟冢和新型商业城市都否定了自然有机的生命形式,把这二者联系在一起预示着租界的景观是反叛传统的。

序言作者也没有提到上海县城在开埠以前已经是一个繁华的贸易口岸,更没有把开埠后的繁华看作开埠前发展的延续。相反,他认为租界繁华是个奇异的发展,与开埠前的历史无关,这其实是把新型工业文化和传统文化对立起来。当时华人把租界叫作夷场,是位于城乡连续网络之外的一块飞地,这块飞地归属于西方殖民帝国而不是大清帝国。

不过序言并没有明确提出一个发展的历史观。作者把从废弃坟冢到新型城市的巨变比作自然景物的变迁,把城市比作传说中的沧海桑田,这就和"人巧极而天工夺"一说矛盾,也由此反映了作者的复杂心态,他既赞美租界巨变又对它充满怀疑。他并没有把这一变化看成发展前进的历史,而是把它神化,比作深不可测的自然变化。

外滩建筑景观

租界的奇观之一是黄浦滩上的西式建筑。1846 年英国领事阿礼国来到上海,看到外滩上只有三四座房子。[2]两年后十九岁的王韬从江苏乡下第一次来到上海,他叹道:"一入黄歇浦中,气象顿异。浦滨江一带,率西人舍宇,楼阁峥嵘,缥缈云外,飞甍画栋,碧

---

① Sir Rutherford Alcock, *Capital of the Tycoon: A Narrative of a Three Years' Residence in Japan*, p. 28, 35.

② Alcock, *Capital of the Tycoon*, p. 35.

槛珠帘，然几如海上神山，可望而不可及也。"①

这些三四层高的房子让乡下来客惊异不已。但在西方人眼中，这种建筑却略带东方色彩，并把它们叫作买办式（compradoric，也译作康柏度式）建筑，因为它们多是西商依赖华人买办督建的，只为承建商提供欧洲风格的建筑图样。具体多是地中海风格的别墅类型，增加环绕券廊，以适应东南亚的气候，并设有花园。这是东方殖民化的欧式建筑，也是上海最早的洋房。

这种买办式洋房最早是从东南亚传入广州十三行一带，又很快被复制到开埠后的上海。② 它们多是方型平面，多层盖以坡顶，面宽、进深和高度相差无几，这在江南是全新的城市景观。江南城镇由沿街线性延伸的店铺和成片水平向蔓延的民居组成，这些传统建筑只重进深而并不突出高度。深深的庭院隐藏着财富、权力，还有闺阁，而幽幽的天井则接纳自然元素，体现了天人合一的理念。与具有如此丰富社会含义的空间相反，洋房的高大体量和几何形体只是抽象的建筑景观。冶游文人对这种新城市景观羡慕不已，吟诗赞道：

百尺高楼四面离，
中开窗隙置玻璃。
洋楼更比蜃楼好，
谁读坡仙海市诗。③

① 王韬：《漫游随录》，王锡祺编：《小方壶斋舆地丛钞》，杭州古籍书店，1985年，第62卷，第9809—9810页。

② 屈大均在清代初年描写了广州十三行的西式建筑："其居率为三层楼，依山高下。楼有方者、圆者、三角者、六角者、八角者、肖诸花果形者，一一不同，争以巧丽相尚。己居楼上，而居唐人其下，不以为嫌。"屈大均：《广东新语》，中华书局，1997年，第36页。

③ 顾炳权编：《上海洋场竹枝词》，第48页。原文载于1874年《申报》。

把洋房比作海市蜃楼是因为它们独立于成片的街区之外，仿佛脱离现实。华人街区总是迷宫般的深街曲巷，封闭的围墙和大门，少有宏大的建筑立面展示。而外滩则展示了宽阔大道和规整高耸的建筑立面，在华人眼中就像是神仙的住所（图 58，59）。

洋房的新型建筑材料也让华人赞叹不已，比如大尺度的玻璃窗。报人黄式权写道：“玻璃来自外洋，云以沙泥及黑铅煎炼而成。镶之窗槅屏风间，觉放大光明，一尘不染。比之文纱海月，实有天壤之殊。西人某见销售日广，大可从中牟利，因于浦东设厂制造。”①文人更是赞赏由铁、石、玻璃等构成的新颖建筑构件：

图 58　英界黄浦滩。（吴友如绘：《申江胜景图》，1884 年石印版，卷上，第 56 页）

① 黄式权：《淞南梦影录》，见《沪游杂记·淞南梦影录·沪游梦影》第 132 页。

图59 19世纪七八十年代的上海外滩。(上海市档案馆编:《上海名街》,上海人民出版社,2006年,第92页)

洋楼金碧耀生光,
铁作栏杆石作墙。
幸得玻璃窗四面,
宵来依旧月如霜。①

诗人想象月光穿过玻璃窗进入室内,但是西人常常用窗来窥

① 顾炳权编:《上海洋场竹枝词》,第48页。原文载于1874年《申报》。

视或瞭望室外。因为有了新式百页，外面的人无法看到室内的活动，所以从外面看洋房的窗是不透明的。晚清出版的石印图像中洋房的窗户都是黑洞洞的，而华人街区里的窗户则是通透的，展示着室内的人物和摆设（见第四章的插图）。由石墙、券廊和大窗构成的洋房立面是抽象的，它完全隐藏了室内的情况。洋房的私密室内其实同深藏在中式大宅里的庭院和内房有异曲同工之处，不过后者的花园是隐秘的，而洋房的花园不仅可以从室内观赏，同时也向路人展示着。冶游文人咏道：

短墙一带护高楼，
芳草如茵贴地柔。
更有几枝花异样，
行人行过尽回头。①

好奇的华人驻足观看这样的私家花园，感叹只有洋人才敢如此炫耀财富，不设高墙围护。有竹枝词咏叹：

四面雕墙短短环，
满园春色不须关。
楼台自涌金银气，
谁向波斯夺宝山？②

洋房的立面和花园与隐秘的室内形成反差。其实中式大宅院也有类似的矛盾：通畅的房间和庭院相互交融，但这样的开放空间却被高墙围合，与周围街道隔离开来。传统的木构建筑如亭台楼阁，都

① 顾炳权编：《上海洋场竹枝词》，第49页。原文载于1874年《申报》。
② 黄燮清：《洋泾竹枝词》，见《上海洋场竹枝词》第350页。

是通透的,与自然融合,体现了天人合一的观念。① 但这种开放布局总是和城镇街道保持一定距离,因为街道是一种无形空间,其间的行人没有共同的价值观和意识,没有形成近代西方城市中的公共空间。

外滩的洋房是另一种情形:私密的室内与自然隔离,而外立面和花园以及规整的城市景观形成一种人为的公共秩序,这样的景观大道与传统城镇中的无形街巷形成对比。这种新空间秩序正是代表了上文提到的"人工极而天工夺":它对传统的有机自然的空间布局形成挑战。

这一新城市景观其实也是一种对中华帝国构成威胁的新殖民帝国的象征。但甲午战争之前的寓居文人并没有意识到这个新帝国主义的威胁,他们用神话般的语境来描述舶来的殖民文化,没有丝毫的政治立场,比如把洋房说成海市蜃楼。其实这些房子多是由中国工匠建造的,他们还在外滩后面不远的华人街区营造出各种新型洋房。诗人袁祖志就吟诗赞叹华人也可以登上自己街区里的洋房来观赏城市美景:

申江好,
高爽指洋楼。
耸出重霄云欲接,
洞开八面景全收。
四顾豁双眸。②

---

① 南方的建筑尤其如此,室内外几乎没有温差。北方的建筑墙壁较厚,夏季开敞通透,而在冬天则窗户紧闭,室内温暖室外则冰天雪地。

② 引自黄式权:《淞南梦影录》,见《沪游杂记·淞南梦影录·沪游梦影》第142页。

棋盘街景

咸丰年间太平军东征江南(1860 年左右),很多难民逃到上海租界。当时的棋盘街和宝善街是英租界中最繁华的华人街区,这里和法租界只隔着一条洋泾浜,与上海县城也相距不远,光绪年间出版的冶游指南都把海上繁华溯源到这两个最早的娱乐街区。有一首竹枝词吟道:

纵横界画似棋盘,
世路纷纭一例看。
东角秦楼西楚馆,
谁从局外作旁观?①

这些街道的清晰布局似乎是外滩景观的延续,但是密集的房屋却显得"纷纭",也就是有点乱。秦楼楚馆是指当时聚集在此处的妓馆,多是"幺二堂子",其客户是来此避难的江南人士。一个堂子有几十个妓女,这样大型、张扬的妓院不可能在江南其他城市中出现,妓馆建筑也是高大的洋房,与旧时隐藏在街区里的"小家碧玉"不同。王韬描写这些妓馆道:"廿四间楼,亦皆妓馆,开设最早。旋居次等勾栏,俗称二三局。东西棋盘街,层楼焕彩,金碧相耀,皆居又次等勾栏,俗称幺二局。是间所处,强半皆苏州女子。"②一首竹枝词描写这些青楼是:"簇簇三层歌舞楼,娇娃强半是苏州。"③

---

① 葛元煦:《沪游杂记》,见《沪游杂记·淞南梦影录·沪游梦影》第 53 页。
② 王韬:《海陬冶游录附录》,见《香艳丛书》第 5688 页。
③ 顾炳权编:《上海洋场竹枝词》,第 10 页。原文载于 1872 年《申报》。

1890 年《点石斋画报》的一篇报道描绘了这样的建筑：棋盘街上的洪顺堂（图 60）是一幢高大洋房，似乎是石建筑，与传统的通透木构建筑不同，入口是简洁的石库门，上面是个略有西式风格的简易阳台。这楼房比起外滩建筑要逊色很多，而且周围街巷狭窄，立面不能完全展示，所以屋顶都没有画出来。看来棋盘街的房子有洋房的体量，却没有开阔的街道空间，这便形成了密集“纷纭”的华人街区。

图 60　命若鸿毛：棋盘街上的洪顺堂。（《点石斋画报：大可堂版》第 7 册，第 104 页）

这里有一座著名茶楼叫丽水台，它一面临水，另三面被妓院环绕，据称这是租界茶楼之始。[①] 茶楼是晚清城市中的休闲场所，多

① 这个茶楼位于洋泾浜岸边，后来租界当局填浜修路，就是今天的延安路。

为街边建筑,也有茶室位于风景区。而此时租界里的茶楼有了很多创新,丽水台的高大空间和开阔视野使来此的游客享受到从未见过的城市景观,如一首竹枝词所描述的:

高阁三层傍水偎,
玻璃四面绮窗开。
看花消渴都来此,
绝妙风情丽水台。①

丽水台应该是独立的高大洋房,但其开放的空间布局更像是传统的轩榭,这两种建筑类型的结合也是建筑艺术中的中西合璧。

在外滩,华人只能从远处羡慕洋房,在棋盘街他们却能登上丽水台去眺望四周,但这里既没有开阔江面和宽广街道,也没有传统风格的花园。如果自然景观环绕传统楼榭体现了“天人合一”,那么这一传统理念又怎样在嘈杂的都市环境中被重新体现呢?与丽水台隔街相望的幺二堂子多有阳台,于是茶楼与妓馆之间的视觉交流便构成了一条新的城市风景线,另一首竹枝词咏道:

丽水台高雉堞齐,
评茶有客日攀跻。
绕楼四面花如海,
倚遍栏杆任品题。②

把妓女比作花海的确是“天人合一”在新型城市环境中的变异。冶游文人把洋房比作海市蜃楼,欲以旧有的自然和神话观念来理

① 顾炳权编:《上海洋场竹枝词》,第54页。原文载于1874年《申报》。
② 顾炳权编:《上海洋场竹枝词》,第9页。原文载于1872年《申报》。

解新的殖民商业文化，他们也用相似的方式来解释华人街区的新景象，把新型妓女比作自古不变的花朵。的确，经久不变的男人欲望是把女人比作植物型的美丽物体以供观赏。这样的视觉欲望把妓女物化，她们便成为新城市景观的一部分。

王韬描写当时的街景道："士女自四方至者，云臻雾沛。"①如此的花海多是各等妓女组成，是与外滩洋房不同的城市景观。冶游文人把她们比作海、云、雾等自然现象，欣赏和光顾她们也算是对远离自然的都市生活的一点补偿，或是在躲避战乱中的一点慰藉。冶游的目的地就是这花海，与传统文人的山水旅游不同。

花和仙居都是梦幻而神秘的想象，让冶游者着迷，不过棋盘街的花海比外滩的西式建筑更真实，冶游客在这里可以让美梦成真。洋房和大道所代表的新城市秩序是外来的，让游客感觉是梦幻的，而棋盘街上的茶楼和妓馆却是真实的城市经历，演绎着新的"天人合一"。尽管这一城市经历是在街道（公共空间）中观看被物化的女人，上面引用的竹枝词却把它描述成一种私密性的生活经历，就像在私家花园里一样。

租界里的华人街区与其它市镇街道相似，都是嘈杂市井空间。这里的新型妓馆利用新式建筑来招揽顾客，从而使"私密"空间侵入公共空间，这样的入侵或许会对礼制社会秩序构成威胁。不过礼制社会的庭院空间并没有在租界里出现，由寓居商人和冶游文人所组成的社区也没有什么公共秩序。这里的城市空间显得拥挤杂乱，与外滩的空间秩序形成反差。洋房在这里演变成一种更兼容的建筑空间：庞大简洁的体量和通透的建筑外壳结合在一起，空间更为流动，但是其理性的空间布局被淹没在拥挤嘈杂的街道空间中。

在冶游经历中，城市空间和人物被感受为神秘的自然现象，如花海、仙居、云雾等。如此的经历并没有孕育新的社会秩序。在租

① 王韬：《海陬冶游录附录》，见《香艳丛书》第 5686 页。

界的茶楼和街道里,来此避难的寓居者只图个人享乐,而不为传统礼制社会观念所约束。

1864 年太平军被镇压后,避难者返乡,租界经济一度萧条。但在光绪年间,贸易发展,租界更为繁荣。这时租界华人街区里最繁华的街道是四马路,与棋盘街只相距几百米。此时的棋盘街已经沦落为二流街道,丽水台也衰败了,被改作一个普通楼房,①1886 年《点石斋画报》的一篇报道还描绘这座已经年久失修的楼台(图 61):

图 61　妓女坠楼:年久失修的丽水台。(《点石斋画报:大可堂版》第 3 册,第 44 页)

① 葛元煦:《沪游杂记》,见《沪游杂记·淞南梦影录·沪游梦影》第 31 页。

而是台之生意亦稍稍就衰，迄于今屡易主，台之夷三为二者，又且十余年矣。市面日北，妓馆之上等者亦屡北迁。是处纵有姊妹花向人招展，而骚人雅客间一经行，若将浼（央求），已望望然去之，气象迥非昔比。人情与为转移，而是台之旧观遂不可复。前月下旬，有长仙堂妓携佣乘兴一登，倚栏眺远，栏木中断，人与俱颠。

四马路街景

此时最迷人的花海景观出现在四马路上（图 62）。《申江胜景图》有一图描绘四马路，展现了宽阔大道中的马车、东洋车、轿子、行路者等（图 63）。两旁建筑多是二层江南民居风格，其间有一两座西式洋房。这些都是里弄街区的沿街部分，街区的石库门入口

图 62　晚清四马路街景。（上海市档案馆编：《上海名街》，第 109 页）

图63　四马路中段。(《申江胜景图》卷下,第38页)

也有显示。上等妓家长三书寓就聚集在这些街区里面,图中的轿子是她们的出行工具。

妓家多隐藏于里弄深处,不过也有少数的妓女闺阁向大街开窗。图中左边描绘了两三个传统亭榭式样的二楼闺阁,其中妓女若隐若现,似乎在和下面大街上的行人对话。这样的沿街妓家有修饰耀眼的勾栏和窗扇,被称作画楼,可与传统的江南画舫相比。有一首竹枝词咏道:“满街脂粉露墙头,暮卷珠帘人倚楼。”诗人解释道:“马路中无数青楼,皆于墙上开窗,而四马路尤多,至四点钟,皆推窗凭览矣。”①这些窗面向新式大街,却和西式窗户不同。后者用来窥视和远眺,是封闭型建筑立面的一部分,丝毫不显示室内。格奥尔格·齐美尔(Georg Simmel)比较和分析西式建筑中的

① 辰桥:《申江百咏》,见《上海洋场竹枝词》第89页。

门和窗道:

> 窗的导向性是一个方向的,即由内向外,它是向外看的,不是向内看的。它的透明度把内和外以先后顺序不间断地连接起来。这种连续性的单向特点是因为窗似乎是为眼睛而设,其张望的路径也限制了窗的路径,使得窗只有门的功能的一半。①

这样的窗是欧式石建筑的,强调室内密闭的建筑风格,而中式砖木建筑则强调室内外贯通一体,没有密闭的室内。不过中式庭院的外墙也是封闭的,一般不开窗;大门后也设影壁,使外人无法窥视内部。这样的设计旨在保护庭院内部,不受外界干扰。但庭院内的窗或槅扇是完全敞开的,双向地把室内和庭院联系起来,它们和西式建筑中的门没有什么区别。

面向四马路的窗的视线也是双向的,它们打破了传统的封闭围墙,向大街展示了妓女闺阁。以往的美女景观多在深深庭院中或城市边缘的画舫上。而在租界里,如此景观遍布大街:二楼的窗户和阳台就像是沿街商铺一样展示着商业内容。

四马路上有大型茶楼,如第一楼、华众会、五层楼等,这些都有丽水台那样开放的建筑形式,但更为宏大和考究。图 63 描绘了华众会和阆苑第一楼:前者是一所两层的江南民居式建筑,后者则是一座三层的高大洋房。《点石斋画报》的一篇报道描绘了五层楼(图 64)。这些茶楼也是看花海的景点,如一首竹枝词吟道:

---

① Georg Simmel, "Bridge and Door", Neil Leach, ed., *Rethinking Architecture: A Reader in Cultural Theory*, London: Routledge, 1997, p. 68.

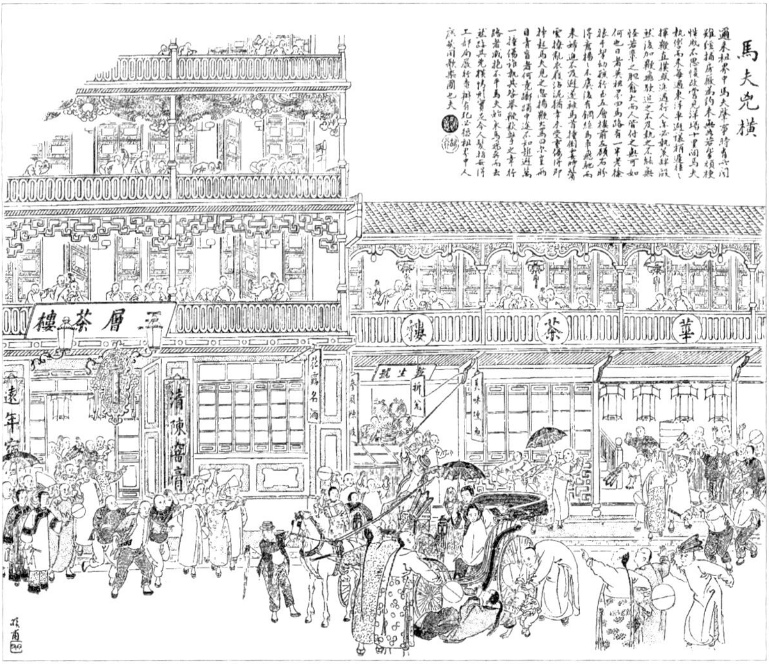

图64　马夫凶横:“五层楼”前的一场车祸。(《点石斋画报:大可堂版》第9册,第152页)

层楼高筑畅幽情,
雀舌龙团气味清。
四面明窗宜小坐,
隔墙又可唤卿卿。

词人解释道:“茶楼如华众会,四海升平诸处,俱四面玻窗,而隔墙窗口皆住青楼,如相识与之语,媚态丛生,众目彰彰,不以为怪。”①这时的游客已经不是躲避战乱的难民,他们在租界依然享

① 辰桥:《申江百咏》,见《上海洋场竹枝词》第83页。

受着其他市镇居民所没有的放纵和自由,这样的公众场合显然没有什么公共秩序和道德规范。

花海的观众也成为四马路饶人景观的一个组成部分,这景观仍旧展示了"世路纷纭",《申江胜景图》中的一首诗描写了四马路街景:

五花马,七香车,
绮罗丛里门繁华。
锦衣郎,红粉女,
并肩唧唧相私语。
借问何处识王昌,
门前七十紫鸳鸯。

瑶花琪树满沧洲,
不是人间做客愁。
唤指乌帽窄衣客,
何时足下生羽翮。
安坐双轮去如飞,
瞥然穿破莫烟碧。①

四马路的开放式空间布局让"锦衣郎"和"红粉女"的"唧唧私语"展示于众,诗人把妓女的顾客比作"王昌"似乎试图为这街道找回旧有的秩序。不过租界里的新贵与旧式王昌不同,他们在公众场合常常举止不雅,使之更为嘈杂和纷纭。尽管已经失去了传统的礼制社会秩序,新的城市空间仍然是"自然"的,仿佛是一种新的"天人合一"。这一"新自然"好像是各种生物杂生在一起的

① 吴友如绘:《申江胜景图》,卷下,第39页。

丛林。

文人池志澂在1890年左右从浙江旅沪，在四马路的至高点俯视这城市丛林，叹道：

> 余尝偕友人登五层楼之颠，俯视其下，见夫轿如风，人车如走马，马车如飞龙，如滚波涛，如千万军旌旗摇闪而过。其人如蚁聚，其声如蜂屯，又如鱼丽、鹅鸭之阵蜿蜒而来，忽闻笙歌笑语、环佩之声，飘渺凌空，若远若近，若上若下。天风泠然，身不能自主，尝回顾友人而嘻曰："吾闻古神仙立云端，下视尘寰，殆亦若是耶！"①

居高俯视的作者把街道描绘成神秘的自然景观：人群是蜂蚁，马车是飞龙。声音和景观的分离使之更为神秘，就像是在昏暗的丛林中。作者幻想自己如神仙般地俯视品类之繁盛，但当他回到街道中，就又成为那群蜂蚁中的一员。

现代性的城市街道既然被体验为自然的丛林，那么超人和亚人的生命形态都在其中生存。如此的城市丛林也出现在19世纪的巴黎，维克多·雨果描写当时的街道："在街道发生的一切和丛林类似，树干、灌木、杂草、缠绕的树枝等都在阴暗中生存，看不见的东西在密集的生物中滑动，在人类之下的东西通过浓雾来感知人类之上的。"②

本雅明解释这段话道："在街道人群中，某人之下的和其之上（控制他）的相互接触，这种混杂性充斥人群。在雨果的论述中，

---

① 池志澂：《沪游梦影》，见《沪游杂记·淞南梦影录·沪游梦影》第159页。

② Victor Hugo, *Le Misérables*, in Victor Hugo, *Oeuvres complètes*, Paris, 1881, vol. 8. Quoted in Walter Benjamin, "The Paris of the Second Empire in Baudelaire," in Walter Benjamin, *Selected Writings*, ed. M. W. Jennings, Cambridge MA: Harvard University Press, 2003. vol. 4, p. 36.

人群就是一种混杂形式，它是由超人能力从低于人类的生物中所创造出来的。"①正因为各类人等组成了现代城市的街头人群，所以这人群仿佛获取了超人的神秘形式。

四马路的人群不仅有妓女和冶游客，还有车夫和轿夫等。如第四章所述，佣人、小贩、流氓等都在里弄内部出没，从事各种活动。他们时常会走出里弄到大街上活动，偶尔也会聚众斗殴，或有其他违规行为，被巡捕捉拿。他们又没钱交罚款，就被罚做苦工。一首竹枝词咏道：

> 铁环连锁犯人多，
> 击石研砂计日过。
> 聊借工夫堪赎罪，
> 此中定律亦平和。

诗人解释道："租界中乡人不知禁令，或误溺街边，或与人争斗，为巡捕所见，必执之入捕房，名曰犯人。铁环连锁，命其击石研砂、修补马路，立法以罪之轻重计日之长短，限满释放矣。"②1887年《点石斋画报》的一篇报道描绘了这样的场景（图65），并评论道：

> 客有以夷场街道宽阔平坦啧啧焉羡之者。余曰：美则美亦，以余视之，则荆棘耳，陷阱耳，何羡为？不见夫沾体涂足系长链而曳滚石者，其中有一二西人否乎？驱之，扑之，呵之，辱之。则此五达六达者，皆华人之血肉、眼泪所填塞而成者耳。客华人也不当羡，亦不忍羡也。先是华人之被押捕房者，若无

---

① Benjamin, "The Paris of the Second Empire in Baudelaire," p. 36.

② 辰桥：《申江百咏》，见《上海洋场竹枝词》第81页。

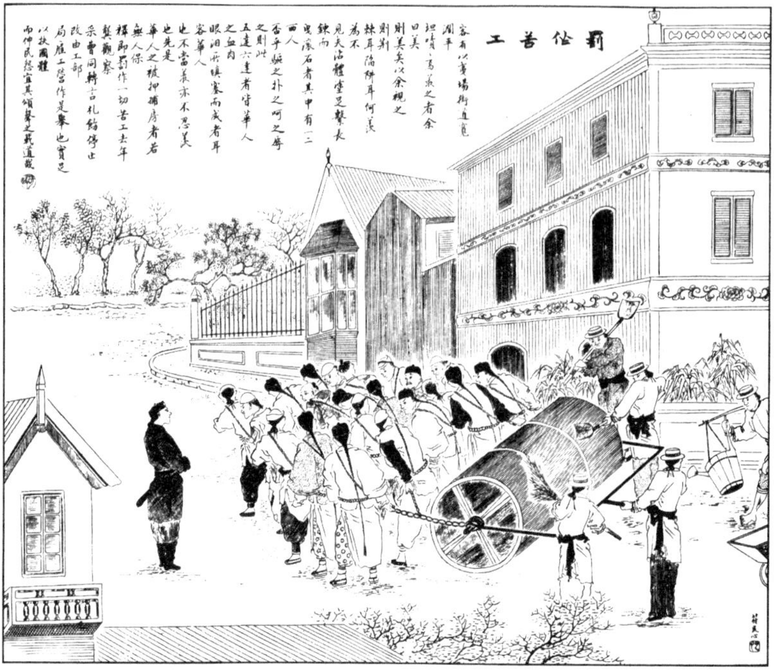

图 65 罚作苦工。(《点石斋画报:大可堂版》第 4 册,第 8 页)

人保释,即罚作一切苦工。

上海租界的辉煌确实建筑在华人血汗之上,这篇晚清图像报道似乎在期待着后来的民族主义革命和左翼思想。不过不论是旧文人还是左翼知识分子都把注意力集中在象征殖民统治的铁链上,而忽视了这种新城市环境是华人自己创造出来的,它像铁链一样束缚着华人自己。

事实上,铁链作为一种古旧的强制工具只在现代性城市中偶尔被使用,而更常见的“训教”工具是新型城市空间。寓居者在此的每日生活都是接受“训练”,他们逐渐成为循规蹈矩的现代城市居民。

街景的观众

冶游文人所描绘的四马路景观是虚幻而神秘的,这意味着新型城市空间(即西方殖民城市规划的街道)依旧是自然生存的生物丛林。这样的空间与旧式城镇的嘈杂市井没有太多区别,其中的路人相互陌生而没有什么共同的意念或归宿,他们在街道中的唯一共性似乎是观光和购买。只有在发生突发事件时,街道才出现一种异常的秩序,这便是一种萌芽的公共秩序。

在传统的中华帝国,宏大平直的街道只在京城里出现,是用来举行皇家仪式和展示皇权至上的。这样的街道多以高墙围住,所以只有有限的人可以看到皇家仪式。上海这样的边缘县城虽然没有皇家仪式,但是道台也会定期巡游街道,展示地方官的权力。

四马路较宽敞,可以展示官方仪式,但是道台无法在租界巡游。取而代之的是妓女坐着西式马车招摇过市,这让初游上海的池志澂大为惊奇:“尘埃倏起,雷霆乍惊,而红妆绿鬓已锵然一声穿花拂柳而过,令人送往迎来,目眩心迷。”①

冶游客观看沿街窗中的妓女是缺乏公共秩序的表现,而飞驰而过的妓女马车却给城市带来瞬间的秩序,路人都成为被动的观众。如此的城市景观越出奇,观众就越显得有秩序。妓女的“表演”出现差错时,街头人群就越发成为井然有序的观众。《点石斋画报》的一篇报道记录了这样的一桩事:

> 前月十九日,偕友登华众会茶楼,忽街上一片喧腾,齐声喝彩,推窗见两妓车衔尾疾驭。前驱者回顾后车,立而指骂,

---

① 池志澂:《沪游梦影》,见《沪游杂记·淞南梦影录·沪游梦影》第161页。

后车人亦起立回骂，势汹汹各不相下。维时车声辚辚然，蹄声得得然，道旁呐喊声、拍手声，哗然，沸然，不辨所骂者何词，但见启樱口、攘皓臂，粉汗淋漓，柳眉横竖，却别有一种逸态（图66）。

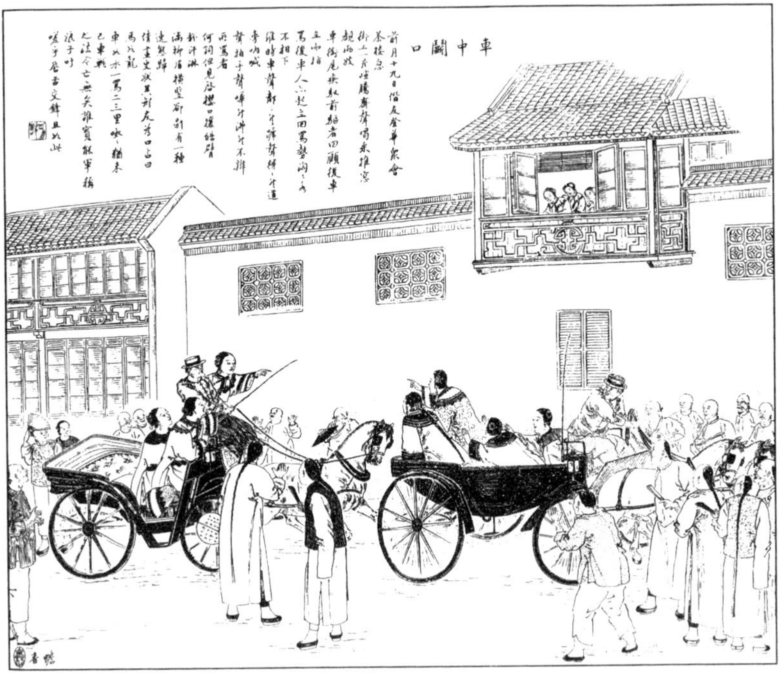

图66　车中斗口：华众会前的一场闹剧。（《点石斋画报：大可堂版》第5册，第91页）

图中的观众多为男性，他们瞠目结舌观看着这非常的一幕。妓女在租界有招摇过市的自由，但这也把她们的隐私和不检点的举止暴露于众，如此“公众人物”的隐私即刻就成为公众的兴趣（其实是多人共享的私人兴趣）。该报道的作者和围观者无异，自私地从妓女吵架中寻找乐趣，回家后“请画史状其形”，并发表这篇图画报道,使这种私人兴趣成为公众兴趣。这也不仅是男性公众的兴趣,图中显示街对面阳台上的两位女性也在观看吵架。她们其实也是妓女,不过此时忘记了招揽顾客,而是成为大群观众中的一部分。

《点石斋画报》还报道过许多在四马路茶楼附近的突发事件,包括吵架、抢劫、交通事故等①。这些都招引围观人群,观众多是被动而冷漠的。他们来到街头的目的多样,但此时忘记了这些,成为街头观众的一部分,被突发事件的灾难性所震慑。于是自然形态的城市丛林骤变成公共危机的空间,日常生活中的诱惑和无奈骤然而止,街头人群显示出一种非常的秩序。

新型城市空间中聚集了更多更密的人群,像一个大型的剧场一样把突发事件的群体效应夸大了。"演出"的声音和形象被分离开来,人群中的观者往往可以看到却听不到,于是就不自觉地制造或听信谣传,众多个体对事件的主观反应叠加起来就制造了公众对之的反应。当突发事件是一幕无害的闹剧时,街头人群多是幸灾乐祸地观望着。但如果发生危急事件,人群就会惊慌失措,如此慌乱的反应往往比该事件本身更具有灾难性。

《点石斋画报》在1886年报道,正月初九一场大火烧掉了著名茶楼"第一楼",熊熊大火惊动了附近街区里的居民和妓女,他们都跑到大街上。所幸大火被及时扑灭了,茶楼被毁,但没有殃及周围民居(图67上)。该画报在1891年又报道了在该处重建的茶楼里发生的一场灾难,题为《无故相惊》。此时的茶楼改叫"更上一层楼",茶楼外街边的一个纸灯笼在风中着火被烧,路人喊"火起"。这引起了茶楼里顾客的惊恐,纷纷涌向楼梯急于逃命,以致相互践踏,伤人许多(图67下)。由于路人的谣传,小小的灯笼着火却造成了一个不小的灾难。这时惊慌的人群与围观的人群完全不同。

---

①　见图64。

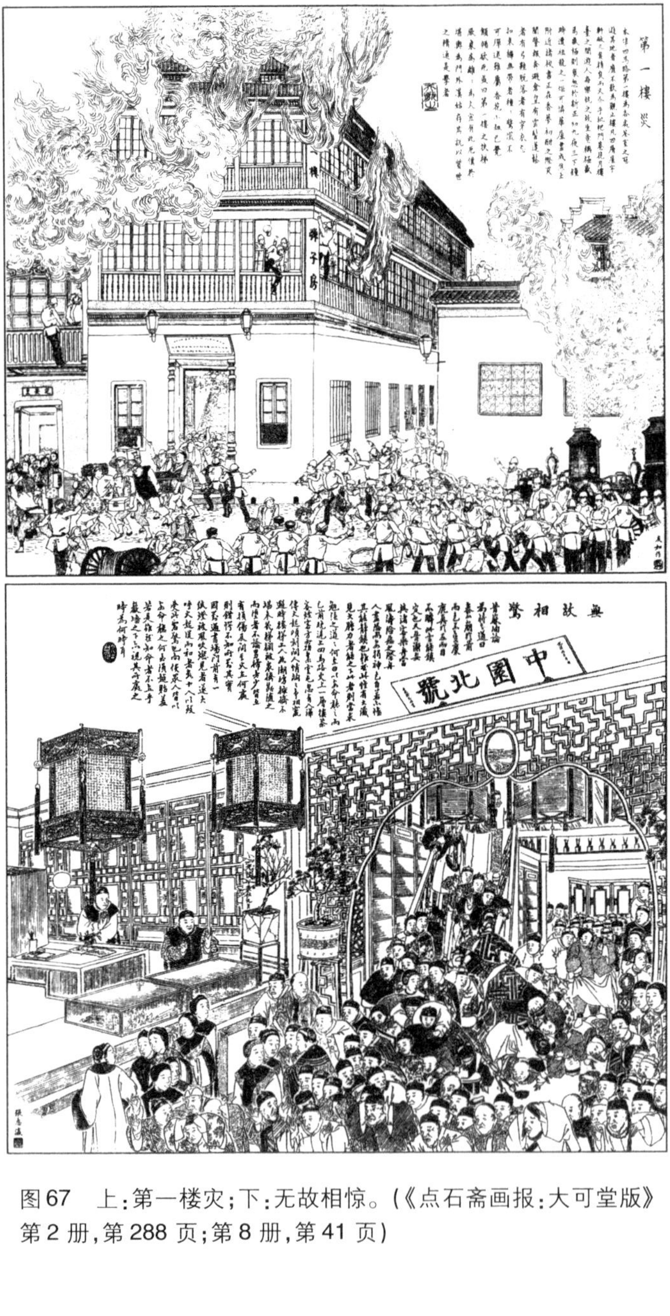

图67　上：第一楼灾；下：无故相惊。(《点石斋画报：大可堂版》第2册，第288页；第8册，第41页)

新型城市空间中的密集人群使其中每个人的行为都被其他人影响,人群对突发事件的共同反应也造就了一个新的城市公众。这个公众仿佛是一个难以预料的"怪物":它或对突发事件幸灾乐祸,或对小小事故惊慌失措。本雅明对这个怪物做了如下的分析:

> 一个街道,一场大火,或者一个交通事故,都聚集了不分阶级的人群。他们的表象是聚集的人群,但在社会层面上,他们是抽象的。这就是说,他们私下关心的利益是相互隔离的。他们的模式就是顾客:每个顾客都有自己的利益,却由于"共同的原因"而聚集到市场里。很多情形下,这样的人群只是像数据般地存在着。如此抽象的存在其实隐藏了人群的怪异性:他们的聚集是由于各自利益而造成的偶发事件。①

本雅明指出中央集权的统治者可以操纵这种存在,使之理性化,并利用群体效应来控制公众的反应行为。

在晚清上海,寓居华人大多没有很强的政治意识,但是新的城市空间使他们成为一种新的公众,其群体效应已经在灾难性事件中体现出来。如此效应在后来民国时期的政治性事件中有更多的体现,比如民族的危机感使公众团结为政治力量。

看到灯笼着火的路人喊叫时,他们并没有考虑自己的行为会造成的后果。与此相反,现代政客却竭尽心思来算计和操纵群体效应将造成的后果,如此操纵的前提是人群中的个体已经失去了对自我命运归宿的信念。《无故相惊》的报道批评了茶楼顾客失去信念,而并没有责怪路人的喊叫。作者引用苏洵论为将之道的"泰山崩于前而色不变",并认为若使众人"安命听之",就不会有如此灾难。

---

① Benjamin, "The Paris of the Second Empire in Baudelaire," p. 36 - 37.

古代的宿命论使人的死亡本性与生存本性相互平衡,突发事件引起的惊慌导致了这种平衡的丧失,个人生存本性相互作用而形成群体效应。在现代政治运动中,个人宿命论被认为是落后的和封建的,因而被进步的公众意识所取代。其实这个公众意识就是组织起来的群体意识,而公众只是一个抽象的数据统计概念,它于是就取代了个人的命运和生存。现代政体就是要控制这样数据化的公众,把它作为社会科学和政治科学的研究对象。

古老宿命神话的消逝始于寓居城市的街道中,其间的人等在新型城市空间中被群体效应所训练,他们成为没有个性的公众。他们不仅是"花海"和突发事件的被动观众,他们也是这个新型商业城市的顾客。的确,他们之所以成为公众,只不过是因为他们都要来这个大市场里进行消费——这便是他们的"共同意识"。

茶楼中的市场

晚清上海已是江南第一大市,吸引很多商贾游客。当时最热闹的商业空间就是四马路上的茶楼。在这里,顾客不仅可以品茶而且可以就餐、吸鸦片,甚至招妓。茶楼其实是多功能商业空间,最著名的是"第一楼"。黄式权赞道:

> 茶馆之轩敞宏大,莫有过于阆苑第一楼者。洋房三层,四面皆玻璃窗,青天白日,如坐水晶宫,真觉一空障翳。计上、中二层,可容千余人,别有邃室数楹,为呼吸烟霞之地。下层则为弹子房。初开时,声名藉藉,远方之初至沪地者,无不趋之若骛。近则包探捕役、娘姨姘头,以及偷鸡剪绺之类,错出其间。而裙屐少年,反舍此而麇集于华众会矣。①

① 黄式权:《淞南梦影录》,见《沪游杂记·淞南梦影录·沪游梦影》第109页。

茶楼的入口就是楼梯,直达二楼,楼梯井上有天窗,这使得各层空间相互流通,通透的木结构其实与后来的现代框架结构有相似之处。《点石斋画报》的一篇报道描写该茶楼的室内:"几案整洁,房廊宏深;瓯茗清心,梭花迷目;而又弹丸竞掷,烟榻横陈;遣与消闲,各从所好。故自日中,以至宵中,接踵摩肩,曾无虚晷。"(图68)街道上的人群也出现在茶楼里,各种角色都有,从商贾到车夫,也有野鸡和小贩。

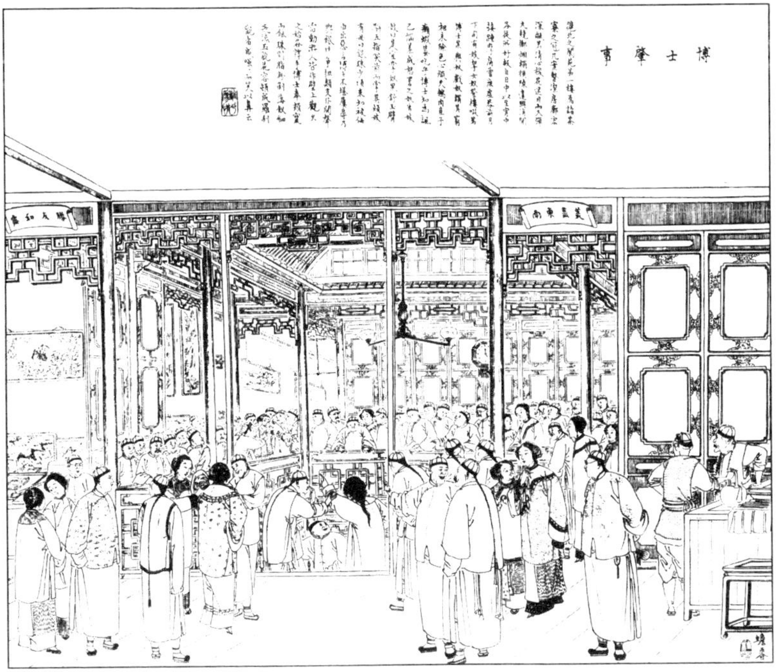

图68　博士肇事:第一楼室内。(《点石斋画报:大可堂版》第1册,第191页)

传统市镇的茶楼也是比较混杂的繁忙商业空间,不过顾客多为当地居民,相互熟悉。而晚清上海的茶楼则更为宏大,顾客多为陌生人。茶楼是新型城市空间,就像是四马路的延伸,也成为各种突发事件的舞台。图68就报道了一场闹剧:一妓女携女佣光顾第一楼,茶博士和女佣打俏,女佣骂她,博士也回骂。妓女的鸨母这时赶到,和博士纠打起来,引来多人围观。茶楼的顾客和街头人群一样成为无情的观众,敞亮的茶楼成为一个观剧空间。

小说《海上花列传》中有描写一座茶楼里的繁忙景象,商人李实夫是花雨楼的常客:

> 一转眼间,吃茶的、吸烟的,越发多了,乱哄哄像潮涌一般,哪里还有空座儿。并夹着些小买卖,吃的、耍的、杂用的,手里抬着、肩上搭着、胸前揣着,在人丛中钻出钻进兜圈子。实夫皆不在意,但留心要看野鸡。这花雨楼原是打野鸡绝大围场,逐队成群,不计其数,说笑话,寻开心,做出许多丑态。(15.361)

一只野鸡,约有十六七岁,十分肮脏,甩着湖色手帕进来,实夫看了,不觉一笑。那野鸡以为他有意,就看定实夫,只等他搭腔,不想实夫没意思,无奈何回身要走。却见堂倌,就和他闲谈。不知堂倌说了些什么,挑拨得那野鸡又笑又骂,将手帕往堂倌脸上甩来。堂倌慌忙倒退,却和一个小贩一撞,货品撒得满地。野鸡见到,早已溜走。又有两个大姐(女佣)走来,踩破一面镜子和一个寒暑表,小贩和她们争吵索赔。最后堂倌给小贩一角小洋钱了事。

在这样的茶楼中,游客、小贩和商品混在一起,难以分辨。小贩就是移动的小商店,野鸡也是一种独特的游走"商品",顾客在这里不用走动就享受变换的商品展示。野鸡和小贩也是茶楼的顾客,他们忙于招揽顾客也游走闲聊。有的野鸡在此饮茶,并勾引四周男宾,许多年轻人经不住诱惑,就与她们同座(图69)。这样的妓女既是商品,又是买家和顾客。她们喜欢混杂的人群,认为其中

图 69　雎雉翔集:茶楼里的妓女招引客人。(《点石斋画报:大可堂版》第 8 册,第 141 页)

每个个体都可能是顾客。城市街道中的人群是陌生而无情的,但商品却毫无选择地喜欢每一个人。

如果商品有灵魂,那么它就把街道人群中任何一员当作买家,想"入宿"于他的手中或家中。[1] 马克思和本雅明用"商品灵魂"(commodity soul)这一概念来揭示现代城市中展示着的商品似乎有了个性,并能和顾客交流。

在晚清的茶楼中,商品还没有从野鸡和小贩的躯体中分离出来。野鸡或小贩与顾客的交流正是体现了商品灵魂的所在,不过他们招揽生意的方式比起现代商店中的无声商品展示要显得低贱

① Benjamin, "The Paris of the Second Empire in Baudelaire," p. 31.

很多。野鸡和小贩出售他们的体力、肉体和其他商品，奴才般的经营使顾客觉得自己像老爷一样。只要商品不和奴才般的身体分离开来，它们就没有能力去“降服”买家。而在新型商店中，商品直接面对顾客，就有了可以让顾客崇拜它的灵魂。

从晚清图像来看，茶楼的建筑空间似乎和后来的百货商店有类似之处。不过这里混杂着各色人等、噪音，以及鸦片烟雾，与整洁有序的现代商店不同。晚清茶楼仍然和旧式市场相似。

大马路街景

四马路的茶楼是大众消费场所，也是低级妓女招揽顾客的围场。高级的妓家则多隐藏在附近的里弄深处，其室内陈设非常考究，其中的物品展示增强了妓女的魅力，使顾客更忠心于她。这些物品包括家具、西洋镜、灯饰、字画、西洋钟等，都是市买的，关于这些本书第三章已有详述。妓院里的时髦展示，表明以消费商品为中心的新视觉文化已经在租界里的新型商店中初步形成了。

四马路是晚清上海的冶游天堂，也就是现在所谓的娱乐中心，如一首竹枝词所述：

四马路中人最多，
两旁书寓野鸡巢。
戏院茶馆兼番菜，
游客忘归半入魔。①

与此形成对比，大马路是租界的商业中心，主要的商店都聚集在这里。另一首竹枝词描写大马路的景观：

---

① 颐安主人：《沪江商业市景词》，见《上海洋场竹枝词》第107页。

满街装饰让银楼，
其次绸庄与匹头。
更有东西洋广货，
奇珍异产宝光流。①

大马路也就是著名的南京路。晚清时期绝大多数的中式商店都是两层高的木构建筑，江南民居风格，向街一面完全敞开。也有老字号的高大店宇，粉墙黛字，石制大门。

街上的新型商店卖“洋广货”，也就是新型的工业商品。它们的建筑也多为洋房风格。《沪游杂记》描述“洋广货物”道：“西人所开洋货行以亨达利为最著，专售时辰、寒暑、风雨各式钟表，萧鼓丝弦，八音琴，鸟音匣，显微镜，救命肚带及一切要货，名目甚繁。至华人所开则以悦生、全亨为翘楚冠，洋广各货俱备。此外大小各铺，南北市亦不下百十家。”②

《点石斋画报》的一篇报道描绘了全亨，该店宇是一座高大的洋房，大门敞开，门口有路人张望却又没有进入（图 70）。店内新型商品的展示让顾客目不暇接，这里有灯饰、钟表、瓷器等，如报道所述：“入其中而猝视之，无巨细，无精粗，目眩而神迷；正如所谓置身山阴道上，应接不暇。”

这篇报道讲述了发生在店里的一起事故。某顾客议购“洋龙”（水泵），招人围观，他不慎打破玻璃灯罩，碎片刺伤了人群中的一个小孩。店主和该客人商量给小孩养伤费而解决纠纷。

小说《海上花列传》有一幅插图描绘了西人开的亨达利：考究的西式建筑，窗子不透明而门也紧闭着，与开敞的中式店铺不同（图 71）。插图中的人物是要到亨达利购物的商人葛仲英和他的

① 颐安主人：《沪江商业市景词》，见《上海洋场竹枝词》第 107 页。
② 葛元煦：《沪游杂记》，见《沪游杂记·淞南梦影录·沪游梦影》第 28 页。

图70　和气致祥：洋广货店全亨的室内。(《点石斋画报：大可堂版》第3册，第31页)

图71　仲英道："我到亨达利去买点零碎。"雪香道："倪坐仔马车一淘去，阿好？"……当下驰出抛球场，不多路到了。仲英与雪香、小妹姐踅进洋行门口，一眼望去，但觉陆离光怪，目眩神惊。(《海上花列传》第6回)

相好妓女吴雪香：

> 仲英与雪香、小妹姐（女佣）踅进洋行门口，一眼望去，但觉陆离光怪，目眩神惊。看了这样，再看那样，大都不能指名，又不暇去细细根究，只大略一览而已。那洋行内伙计们将出许多玩意儿，拨动机关，任人赏鉴。有各色假鸟，能鼓翼而鸣的；有各色假兽，能按节而舞的；还有四五个列坐的铜铸洋人，能吹喇叭，能弹琵琶，能撞击金石革木诸响器，合成一套大曲的。其余会行会动的舟车狗马，不可以更仆数。仲英只取应用物件拣选齐备，雪香见一只时辰表，嵌在手镯之上，也中意了要买。(6.311)

寓居者似乎还没有完全陶醉在如此的商品展示中，相反他们虽目眩神迷，但只是羡慕，并不一定要购买。这样的购物场景在小说中只出现一次。富有客人要为相好妓女购置礼物，一般找内行的朋友帮忙，比如王莲生就常常找洪善卿帮忙购置物品。

晚清的寓居社区中，朋友的建议要比商店中的展示更可靠。不同社会阶层的顾客通过朋友的建议、商行伙计或小商贩来购置物品。但这些旧的购物方式在现代上海很快就过时了，新型商品展示充斥大街，无声地与客人直接交流。这样大马路很快就成为上海最繁华的商业街道，也是新的摩登梦幻场所。

第六章　新贵与市井：多元的商业休闲空间

四马路和大马路是晚清上海的商业中心，这里展示的女性身体和各种商品让每一位寓居者和冶游客都感觉到自己像是旧时的"王昌"，这恰恰是现代都市的魅力所在。事实上，街道中的人群是混杂的，也是危险的。真正的城市新贵要远离街道，进入具有排他性的私家娱乐空间。长三书寓就是这样的高档消费空间，这在本书第三章已有详细论述。

晚清出版的冶游指南大多列举了上海租界里八大游乐场所（或工具）：茶楼、酒楼、烟馆、戏园、书场、马车、花园、妓馆。除了茶楼是和街道融为一体的大众消费场所（详见第五章），其他空间都让顾客（或乘客）和街头人群保持一定的距离，或者与他们完全隔离开来，不过同时这些商业空间也总是要吸引街道上的人群。这种排他性和兼容性之间的矛盾正是因为街头人群的混杂性和不定性：新贵和草民杂处其中，而且他们之间的贫富转换也加速了。本章将逐一展现除了茶楼和妓馆之外的其他商业空间，分析寓居者在豪华室内和人工景观前的经历，并论述关于社会阶层、性别和信仰的传统概念在现代性都市文化中的演变。

酒　　楼

与鱼龙混杂的茶楼相比，酒楼是较高级的商贾聚会空间。聚丰园，晚清文献中常提到的一个酒楼，《海上花列传》中妓家酒局的菜肴就常常是聚丰园送来的。在《点石斋画报》的一篇图像报道中，该饭店和相邻的茶楼“更上一层楼”出现在事件的背景中，它是传统建筑形式，有石库门和马头墙，餐厅则在院落之后，这与相邻茶楼的高大敞亮的洋房形成对比（图 72）。

图 72　雉鸣求牧：酒楼聚丰园前的街景。（《点石斋画报：大可堂版》第 5 册，第 236 页）

餐厅里的客人招妓吃酒，不用去看窗外的“花海”，这里的高级妓女也和茶楼里的野鸡不同。酒楼的业务和高级妓家关系密切，后者的酒局中的菜肴都是从酒楼送来的。酒楼也常常把客人招妓的局票送到妓家。

租界里有不同风格的酒楼，冶游指南特别提到了广东菜馆。

《海上花列传》中就有描述客人光顾广东餐馆老旗昌，在这里他们不仅吃粤菜、看广东妓女（图73），还享受着豪华的摆设和新贵的生活方式：

图73　众人再仔细打量那广东婊子，出出进进，替换相陪，约摸二三十个，较诸把势却也绝不相同……若说气力，令人骇绝。朱蔼人说得半句发松闲话，婊子既笑且骂，扭过身子，把蔼人臂膊隔着两重衣衫轻轻捽上一把，捽的蔼人叫苦连天。（《海上花列传》第50回）

> 众人没法，相让坐下，因而仔细打量这厅堂。果然别具风流，新翻花样，较诸把势绝不相同。屏栏窗牖非雕镂即镶嵌，刻划得花梨、银杏、黄杨、紫檀层层精致；帐幕帘帷非藻绘即绮绣，渲染得湖绉、官纱、宁绸、杭线色色鲜明。大而栋梁、柱础、墙壁、门户等类，无不耸翠上腾，流丹下接；小而几案、椅机、床榻、橱柜等类，无不精光外溢，宝气内含。至于栽种的异卉奇葩、悬挂的法书名画、陈设的古董雅玩、品题的美果佳茶，一发不消说了。（50.548）

冶游指南中提到的“外国菜馆”是指专门为洋人服务的餐馆，为华人服务的西式餐馆叫作番菜馆或大菜馆，该类的首创当是“一品香”。① 1885 年《点石斋画报》的一篇报道描绘了该餐馆：传统样式的门厅里展示着金钱豹和蟒蛇来招揽过客，门厅后面是一个传统风格的花园，花园里的假山植物和门厅里的野兽在一起构成了一个人工的自然；门厅没有完全向街道敞开，不过路人还是可以看到门厅里的展示（图 74）。门厅是一个过渡空间，楼上的西餐厅和包房要比中式餐厅更为安静和隐蔽。

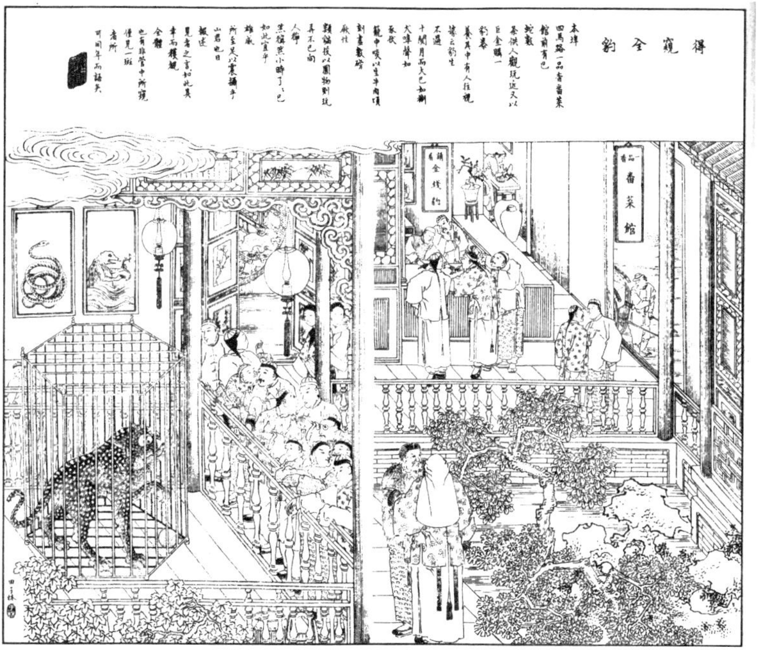

图 74　得窥全豹：一品香大菜馆的门厅。（《点石斋画报：大可堂版》第 1 册，第 254 页）

华界的姘头常常来大菜馆里来幽会。商贾招妓属“正当行为”，可以堂而皇之地在中式酒楼或戏园里进行。而已婚妇女和情

① 梅花盦主编：《申江时下胜景图说》，卷上，第 2 页；卷下，第 8 页。

人的幽会则需要在一个不寻常的空间里进行，大菜馆正是这样的空间。正如各等妓女在租界里可以自由招揽生意，已婚贵妇也可以在新型的“西式”空间里享受着某种自由。

1897年《点石斋画报》报道了两对夫妇相互勾引对方的配偶，一天碰巧都在一品香幽会。一个熟人经过，发现了这个可笑的局面，就探头窥视其中一个包房。房中客人大怒：“何物狂且，窥人眷属，定当扭送捕房。”那熟人笑道：“君试起观之，各以老婆相易侑觞，尚不缩头，而欲乃公道破机关，使人皆知”。于是两客大为惭愧，落荒而逃。报道描绘了两个有屏风隔开的私密包房，里面有时髦的陈设，包括小餐桌、西式座椅、电灯、西洋镜、中式盆景等（图75）。

图75　易妻贻笑：一品香大菜馆的餐室。（《点石斋画报：大可堂版》第14册，第269页）

中餐馆可让客人招妓，却不许人家妇女进餐，不过新型的大菜馆就例外，《海上花列传》有一段关于一位商人的妻子在大菜馆招妓的有趣情节。商人姚季纯一夜没有回家，他的妻子姚奶奶不知道他出了什么事，就叫他的相好妓女马桂生出局到四马路大菜馆“壶中天”就餐。局票传到桂生家中，姚季纯正好从前夜的酒醉中醒来。他很惧怕姚奶奶，叫桂生不要去，以免争吵。桂生却道：“她要吵哪里不好吵，偏要去大菜馆？”桂生来到餐馆，姚奶奶满脸堆笑，起身相迎。两人携手，向一张外国式皮褥半榻并肩坐下（图76）。

图76　适值堂倌搬上两客汤饼，姚奶奶坚请桂生入座，桂生再三不肯。姚奶奶急了，顾令马娘姨转劝。桂生没法，遵命吃过汤饼，换上一道板鱼。（《海上花列传》第57回）

姚奶奶点了几道大菜并要桂生和她一起入席就餐，桂生再三不肯，无奈之下每道菜略尝一块。妓女只陪酒，不便于就餐，桂生的这次出局算是例外了。桂生问姚奶奶要不要听曲子，姚奶奶谢绝了，她约见桂生的目的是打听姚季纯的近期活动。这次秘密的会见很成功，姚奶奶临别时对桂生说：“既然二少爷来里耐搭，我就拿个二少爷交代拨耐。二少爷到仔夷场浪，覅放俚再去叫个馆人。

倘然俚定归要叫，耐教娘姨拨个信我。”(57.578－580)

家里的太太和外面的妓女本来是敌人，但是这次姚奶奶和桂生却在大菜馆里结为同盟，一起来管束她们共同的男人，这也使她们不再完全依靠他。如此亲密的女性关系以前也许只在大宅深院内的妻女及女佣等之间发生，而在上海租界里，西式的大菜馆为妇女提供相见交流的新型私密空间。

如此私密的商业空间使得贵妇有家庭以外的活动空间和社交圈，这一新的发展是得益于西式的（或者是中西混合式的）空间和物质文化的引进。一旦以往专为男性开放的商业空间（也是一种公共空间）也对女性开放，那种兄弟之间的空间就带有一些女性之间的温馨和爱慕。正如本雅明指出的，现代性的一个表象就是女性之间的爱慕在公开场合的展示。①

烟　馆

上等的酒楼和大菜馆为商贾服务，而多功能的大型茶楼则提供大众就餐的场所，比如著名的“五层楼”就不仅是茶楼，也供客人就餐和吸鸦片。② 大型茶楼都设有烟室，供客人吸鸦片，客人还可以和女堂倌相拥而卧。另外有一种下等场所叫花烟间，也把吸鸦片和性交易结合起来。有识之士认为如此的低贱场所造成了社会上的道德沦丧，例如《申报》主编黄式权写道：

至花烟间一开，而肩挑负贩者之腰缠罄矣。吸烟一盒，不过百文。捉胸捺肚，无所不可。若舍番佛一尊（大洋一块），

① Walter Benjamin, “The Paris of the Second Empire in Baudelaire,” in Walter Benjamin, *Selected Writings*, ed. M. W. Jennings, Cambridge MA: Harvard University Press, 2003. vol. 4, p.55－58.

② 梅花盦主编：《申江时下胜景图说》，卷上，第2页。

即能鸳鸯颠倒。尝见东洋车夫，捉襟肘见，两足如飞，尽一日之力，得青蚨（铜钱）二三百片，除房饭数十文之外，俱销耗于此乡。①

有种大型烟馆，专供客人吸烟，室内布置特为考究，如池志澂所述："烟间本为藏垢纳污之所，雅者固不屑道，而沪上烟间之佳尤过茶室。"他还详细描写了法租界的烟馆"南诚信"：

入其中者，画栋雕梁，枕榻几案、灯盘茗碗，无不华丽精工，而复庭设中外之芳菲，室列名人之书画。夏则遍张风幔，不知火伞之当空；冬则遍设火筒，不知冰霜之着地。每一榻中各嵌大镜一面，夜则电灯初上，以镜照镜，以灯映灯，镜镜相临，灯灯相映，几如入玻璃世界、珠宝乾坤，令人目闪心炫。②

如此的"豪华"设施竟成为工薪阶层的消费场所。这里的客人虽然不能光顾新贵阶层的梦幻空间，却可以享受吸鸦片所带来的精神麻醉，这也是一种梦幻生活（图77）。

葛元煦的《沪游杂记》也描述了大型烟馆的豪华室内："上海烟馆甲于天下，铺设雅洁，茗碗、灯盘无不精巧……飞去青蚨一二百片，既可邀朋，又可过瘾。"③又有竹枝词吟道：

纵横卧榻设东西，
各点明灯吸竹筒。
对面相逢不相见，

---

① 黄式权：《淞南梦影录》，见《沪游杂记·淞南梦影录·沪游梦影》第102页。
② 池志澂：《沪游梦影》，见《沪游杂记·淞南梦影录·沪游梦影》第160页。
③ 葛元煦：《沪游杂记》，见《沪游杂记·淞南梦影录·沪游梦影》第31页。

图77　南诚信烟馆正厅。(《申江胜景图》,卷下,第8页)

此身疑是入云中。①

客人在这里不仅吸烟,还有女堂倌相伴:

烟花世界有情天,
倚翠偎红短榻前。
堪笑弓鞋虽踏遍,
觅从灯火缔姻缘。②

---

① 辰桥:《申江百咏》,见《上海洋场竹枝词》第83页。

② 顾炳权编:《上海洋场竹枝词》,第419页。原文载于1889年6月15日《申报》。

有竹枝词描写烟馆里的女招待：

一班大脚尽浓妆，
惹得游人个个狂。
小帐掷来多大帐，
何妨携手摸倾囊。①

还有已婚妇女（娘姨）做烟馆的女招待：

问道娘姨有用否，
共传闺阁替梳头。
而今竟作烟灯伙，
半呈风流半卖羞。②

野鸡也到烟馆招揽顾客，有时因为肇事被巡捕捉拿。《点石斋画报》曾报道，三个在南诚信烟馆肇事的野鸡被缉拿在案，当地官员让她们带着枷锁在烟馆前示众，并道："南诚信烟间颇大，令用尔等作个金字招牌，生意更当热闹，店主必重谢尔等也。"当天观者果然很多，堵塞街道，巡捕驱之不散，只得用水龙头驱散人群（图 78）。

烟馆生意过于色情，遭到公共租界的禁止，但在法租界可以继续经营。这样一来，法租界的烟馆生意兴隆，而公共租界的茶楼则规模宏大。在茶楼和烟馆里，肉体、商品、鸦片等混杂在一起，使得新贵和草民之间难以区分。随着现代城市的发展，如此混杂的空间隐退到大街的背后，大街变得干净整洁，而其中商品的展示具有

① 顾炳权编：《上海洋场竹枝词》，第 24 页。原文载于 1872 年 7 月 4 日《申报》。
② 同上。

图 78　金字招牌：南诚信烟馆门前的枷锁示众。(《点石斋画报：大可堂版》第 5 册，第 139 页)

更大的诱惑力。这样的性诱惑从肉体转移到商品上，而同时女性魅力也被视觉化、抽象化，并在城市的公共空间里得以展示。

书　场

在晚清上海，各种商业和娱乐空间随机地结合在一起，比如著名茶楼“华众会”就兼有烟室和书场。① 对于冶游客而言，如此的结合，似乎用女说书的形色和声音弥补了烟室女堂倌在公共租界被禁的遗憾。女说书人被称作书寓，她们本是为富人服务的顶级妓女，但作为书场的明星，她们也进入了市井文化，是富人娱乐的大众化。

在现代都市中，女性的魅力从隐秘的闺阁中被解放出来，被转移到市场中，并和商业的物质文化融合。在烟馆和酒楼里，妓女的身体和烟榻、酒桌融为一体，取悦狎客。女性在这些空间里被商品化，同时也被抽象为片面的感官享受，最终变成纯粹的视觉诱惑。

低等妓女如野鸡和烟室女堂倌已经把性服务和女性生殖功能分开，而高级妓女书寓的娱乐服务则把性诱惑抽象为视听享受。对听众来说，她们的身体是可望而不可即的。性诱惑越被抽象化和视觉化，就越能进入大众消费，越能使大众为之倾倒——尽管这种诱惑并不能带来最终的性满足。现代都市的居民都期望虚幻遥远的梦想能够变为现实，也就满足于这种片面的性娱乐。而完美梦想的性生活在现代都市中则被无限期地推延了。

在宋代，官妓和家妓都是主人购买的奴隶。而到了明代，在商业繁荣的江南，名妓则经营自己的生意，为商贾服务。在上海成为华洋杂居的商埠之后，书寓成了一种独立的职业人。和晚明名妓

---

① 池志澂：《沪游梦影》，见《沪游杂记·淞南梦影录·沪游梦影》第160页。

相比,她们更多公开露面,以赢得更多的顾客。她们以艺人自居,自称“卖艺不卖身”,这与奴隶般的官妓和家妓完全不同,大多数顾客也只能羡慕她们的声音和形象。这种新职业是古老的性诱惑艺术在大众消费时代的再生。在现代的商业社会中,富人和穷人混杂在一起,旧时的王昌贵族已经消失,书寓要服务于更广泛、更流动的顾客群。这样书寓就演变成一个梦幻的影像让大众来消费,而不再仅仅供少数富人专享。

书寓一方面沿袭了旧时名妓的角色,另一方面又继承了男性说书先生的职业。后者多在茶楼或街边来演讲故事,吸引观众。但是书寓叫女唱书,她以唱为主。池志澂记载了晚清上海说书艺术的演变:

> 书场者,即世所称“说大书”也。自说大书之技不精,而后借粉黛以为助。其未说书也,必先使唱开篇。其既说也,又皆能插科打诨,相为接应。厥后喜听唱而不喜书,于是争废书而专用唱矣,说大书者仅退坐理管弦而已,此沪上书场所以专称“女唱书”也。①

海上的繁华一定会吸引附近地区的说书人,这一行业的衰落是因为市场的变化而非艺人的缺乏。寓居者不再是传统故事的好听众,因为他们的生活不再枯燥。他们在现代都市中的生活有很多快速变幻的感官刺激,特别是视觉刺激。如此的感官刺激让他们难以记住持久的经历,而对持久经历的记忆是喜欢听故事的重要条件。②

说书人就像是古老贤圣一样,通过说传奇故事把他的经历和

---

① 池志澂:《沪游梦影》,见《沪游杂记·淞南梦影录·沪游梦影》第157页。

② Benjamin, *Illumination*, p. 91.

智慧传给听众。长的传奇已经很难在上海书场上听到，书寓只表演关于情爱的短篇，比如《白蛇传》和《玉蜻蜓》。就是这样的短篇也少有人会，更多的书寓只是徒有虚名。

男性说书人被市场冷落，书寓的演艺也衰落了。起初只有那些可以唱传奇的艺人才可以叫书寓或先生，她们拒绝和妓女同堂献艺。当时还有一个书寓公所，为合格的艺人发执照，并收取三十大洋。后来所有会唱小段的妓女都自称书寓或先生，也不需要什么职业资格了。[①]

光绪年间的新型妓女固然时髦靓丽，但王韬认为她们很俗气，因为她们没有说书的技艺，多数就学唱京腔的二簧小调。随着京腔在上海的时兴，江南的妓女也模仿这一北方剧种来取悦听众。王韬评论道："京腔高亢，以吴姬摹之正如皮傅渔洋诗也。况复颈赤面红，尤非雅观。"[②]然而市井大众却赞叹这种新奇景观，如一首竹枝词吟道：

大书红榜曰先生，
鱼贯登台各著名。
一曲京腔惊四座，
居然雌口作雄声。[③]

书场中供人观览的妓女的确是城市中的一个新奇景观。1887年《点石斋画报》的一篇题为《西妓弹词》的报道说："而也是楼主则又请西妓一名，间数日一临，为独出冠。时所唱止中国淫词中之《十八摸》一曲，闻者不甚许可。"（图 79）

---

① 梅花盦主编：《申江时下胜景图说》，卷下，第 5 页。

② 王韬：《淞滨琐话》，岳麓书社，1987 年，第 372—373 页。

③ 辰桥：《申江百咏》，见《上海洋场竹枝词》第 89 页。

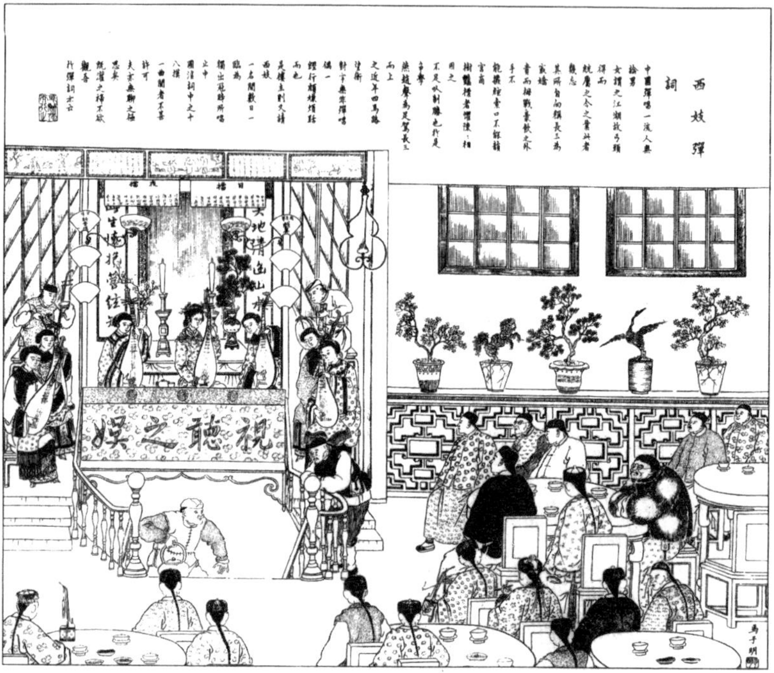

图 79　西妓弹词：也是楼书场。(《点石斋画报：大可堂版》第 3 册，第 317 页)

按冶游指南记载，晚清上海的十二个书场都在四马路上。每个书场有日场和夜场，每场邀请二十个书寓。书场把她们的名牌挂在入口，并雇人不时向路人叫嚷这些名字。客人只需花少许钱，就可以进入书场饮茶和听歌。对于那些没钱去光顾妓院的人来说，书场是观看和评论妓女的最佳场所。为了吸引更多顾客，书场的台上常坐有十多个妓女，他们轮流演艺，如一首竹枝词吟道：

筝琶合奏坐纷纷，
角胜争强娘子军。
一遇品题身价倍，

欣欣如鹤立鸡群。①

这样的情形正是男性客人的富贵梦：名妓们互相竞争来取悦他。传统的妻妾成群梦想在现代都市越发遥远了，但是每位寓居者都能在公共场合观赏一群妓女，仿佛美梦成真。他们觉得自己也可以享受富贵人的乐趣，并以此来满足他们把遥远梦想变为现实的欲望。

名妓并非为了这样的一般观众而献艺，她们也梦想在观众群中会有贵人来点唱。但是她们无法辨认出哪些是富人，就大多在台上闲坐，等待客人来点唱。如果一个妓女发现在座的有熟客，就会央请他点唱。和观众一样，妓女也梦想都市的人群会给她带来富贵。

客人点唱要花一块大洋。《点石斋画报》报道有个穿着体面的年轻人一天在书场"品玉楼"点了十六首歌，由十五名不同妓女来演唱。书场认为来了个财神，但最终他没有分文来付账。书场扣留了他，让其家人来付账，但是他的家人也没钱，只得恳请书场放人（图80）。

顶级书寓很少到书场演出，只有在客人预先点唱的情况下才来书场献艺。这样的演出往往让书场爆满，如一首竹枝词记载：

书场哄闹夕阳天，
馆主堂官共胁肩。
报到先生油壁至，
人人青眼看云仙。②

① 辰桥：《申江百咏》，见《上海洋场竹枝词》第89页。
② 顾炳权编：《上海洋场竹枝词》，第25页。原文载于1872年7月5日《申报》。

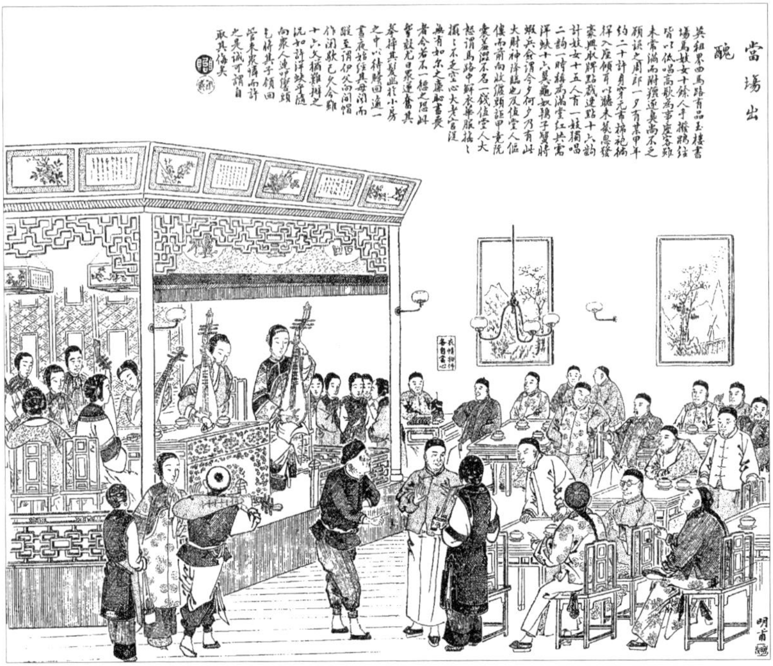

图 80　11.53 当场出丑:品玉楼书场。(《点石斋画报:大可堂版》第 11 册,第 53 页)

这首词写的是弹词艺人袁云仙,是发表于 1872 年 7 月《申报》上的《女弹词新咏》中的一首。《新咏》共十二首,分别歌颂城中的十二名著名女唱书。同月的《申报》又发表一个系列来颂扬三十位女唱书。[1] 文人和媒体帮助这些书寓成名,为大众所熟知,但也同时把妓女的才艺简化为一些空洞的名字和诗意的词汇。

上海的寓居文人并不富有,很难到书场点唱。但通过听歌和宴席,他们得以欣赏妓女的才艺,并以品花人自居。从光绪初年起,文人经常评选城中的花榜。按王韬记载,"鸿才旷代"的雅士公之放在 1877 年编定了《上海书仙花榜》:"凡列名姝二十有八

① 顾炳权编:《上海洋场竹枝词》,第 362—363 页。

人。而以一花比一姝，各区品目。并列评词，沪上之秀萃于此矣。”他的朋友特别欣赏，劝他公开发表这一花榜。①

在清代末年，上海的小报定期刊登花榜，并模仿西方的选美。民国初年，最出名的妓女冠名为“花国总统和花国总理”。如此的媒体明星进入市井大众的梦想中，或许可以看作是传统妻妾成群的梦想的变异。

戏　园

大型茶楼在最繁忙时也邀请书寓来表演，场面比书场更为宏大。比茶楼规模更大的一种娱乐设施叫茶园，也就是戏园，这里有昼夜不停的戏剧表演，也供客人饮茶，有诗吟道：

> 洋场随处足逍遥，
> 漫把情形笔墨描。
> 大小戏园开满路，
> 笙歌夜夜似元宵。②

既然戏园里每日每夜都如同节日一般，这样的节日也就失去了传统节日的特殊性。传统的乡土节日庆典包括祭神和戏剧演出，这样的演出有着祭神功能。观看演出的当地居民日常精神压力得以宣泄，对他们来说，这样的宗教节日是一个非常的时刻，让他们从辛苦而平凡的日常生活和工作中解脱出来。戏剧演出是节日庆典或庙会不可缺少的内容，不过这样的宗教活动是大众化的，其实也是很世俗化的，这和西方由教会组织控制的

---

① 王韬：《海陬冶游录附录》，见《香艳丛书》第5754—5755页。

② 顾炳权编：《上海洋场竹枝词》，第357页。原文载于1872年《申报》。

宗教活动完全不同。

当地的绅士大户对这样的大众祭神活动另有看法，认为庙会和戏剧演出混杂人等，引诱人家妇女到公众场合，伤风败俗。富有的大户有时请戏班到家里演出，这样其女眷就无需去庙会看演出了。

1887 年《点石斋画报》有一篇题为《看戏坍台》的报道：“妇女入庙烧香，入庙看戏，性幽闲者，不愿与；重廉耻者，不乐从。一二好妩媚，卖俊俏者，风闻热闹事，即提挈姊妹，联襟往游，招人轻薄，亦自取之也。”报道描绘了一个庙貌重新“土人”演戏祭神情形。在一个拥挤的戏园里，两边有临时搭起来的木板台子供妇女观看。却有顽童钻到台子下面，用篾片来骚扰上面的妇女，直至台子坍塌，使得女性观众“乘兴而来，败兴而归”（图 81）。

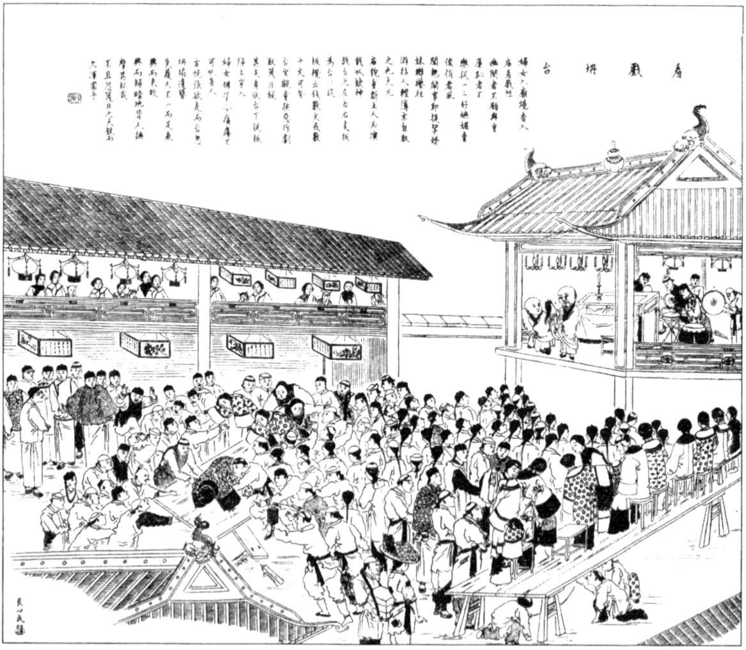

图 81　看戏坍台：江南乡镇的庙会剧场。（《点石斋画报：大可堂版》第 3 册，第 318 页）

晚清上海的行业会馆也组织一些祭神活动和戏剧演出。会馆的戏园和庙会戏园一样，由戏台和院落组成，观众席较为混乱。1884年《点石斋画报》报道京口的广东会馆敬关帝演戏招来众多观众，非常拥挤喧嚷，某人挤入人群却进退两难，直至口喷鲜血才得以被送出戏园医救，但为时已晚。可见当时的戏园缺乏公共秩序，人群混杂而危险。①

从建筑形式上来说，戏园由院落（观众席）与戏台组成，这和传统建筑中的院落与厅堂相似。传统的厅堂是礼制空间，强调日常生活中不变的家庭秩序；而戏园的节庆空间则通过再现传奇和神话的危机时刻来打破日常秩序。如此的虚构危机让当地观众在精神上得以净化（即释放日常积累的心理压力），这是传统戏剧的净化功能。与这样的旧式节日剧场不同，上海的商业剧场用于每日娱乐，戏剧的净化功能也就发生了变化。

商业剧场在乾隆年间的北京已经很常见，它像地方的节日剧场一样打破了日常生活的秩序。虽然宫廷内也有京剧演出，但是官员认为商业剧场是流氓和罪犯滞留的地方，并对它们进行管制。上海租界里的商业剧场模仿了北京的模式，但不受地方官员的管制。剧场的商业广告在《申报》每日登出，这在中国还是首例。

上海的大型戏园都在设在繁华的街道上，其中丹桂园和金桂园最为著名。这一华人娱乐空间偶尔也吸引外国人来观看。麦克法兰（W. MacFarlane）就和两三个朋友以及他们的华人翻译在19世纪80年代初游览了金桂园并记载了他们的所见所闻。作者首先描写戏园的入口：

> 戏园是个方形建筑，通过一个宽阔的巷道和大街相连。巷道两边的两层店铺和茶馆都灯火通明，戏园的立面也很明

① 吴友如等绘，张奇明编：《点石斋画报：大可堂版》，第1册，第50页。

亮。大街上人很拥挤,很难通行。戏园入口也很拥挤,有很多东洋车和轿子挡住道路。在入口处就可以听到戏园里面的锣鼓声、高调唱腔,以及观众的笑闹声。①

戏园吸引各等观众,入口处很嘈杂,时而“演出”街头闹剧。1890年《点石斋画报》报道在天福园门口,印裔(锡克族)巡捕因阻止一个无票入园的流氓,而被流氓拔掉胡须。另一篇报道描绘了天仙园入口的小摊贩和烟草店前,一个观众正在看剧目广告,却被人掷以秽物(图82)。

图82　左:印捕拔须,天福茶园入口;右:如涂涂附,天仙茶园入口。(《点石斋画报:大可堂版》第7册,第271页;第5册,第203页)

① W. MacFarlane, *Sketches in the Foreign Settlements and Native City of Shanghai*, Shanghai: Shanghai Mercury, 1881, p. 39.

麦克法兰一行人进入戏园里面，见到有票房，衣帽间和柜台。侍者引领他们穿过一个简易的楼梯和一列廊座，来到一个装点得体的包厢，包厢里的客人可以看到舞台和观众席。观众席中区有木栏围着，列有五行小桌，每行五六桌，每桌四座，此处观众多为商贾、店主和其他穿着得体的人士。围栏之外的三条走廊有便宜的座位，楼上另有廊座和包厢（图 83）。①

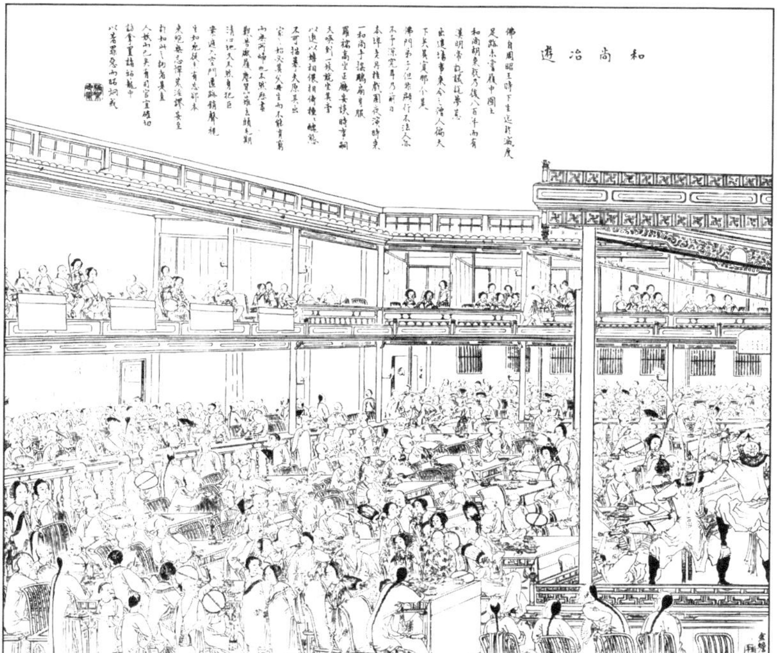

图 83　和尚冶游：丹桂园内景。（《点石斋画报：大可堂版》第 1 册，第 129 页）

戏园里不同价位的座位似乎反映了新的社会等级，不过各等男女混杂而坐的观众席，就像是街道的延伸。当时的竹枝词描写

① MacFarlane, *Sketches in the Foreign Settlements*, p. 40.

了戏园里的不同角色:有时髦的男子,“京式烟筒京式鞋,墨晶眼镜手频揩”;也有高级妓女,“夏服轻罗冬服狐,时花斜插色堪娱”。[①]妓女及其客人是戏园的贵客,戏园有为他们特别设置的“花桌”,陈列着鲜花、水果和精致器皿。[②] 王韬描写戏园中招妓的情形:“夜剧场开,来者尤多,红笺纷出,翠袖姗来,幺弦翠管中,杂以鬓影衣香,左顾右盼,真觉会心不远。”[③]

戏园中还有其他女性观众,包括娘姨和人家妇女。除了一般妇女专注于演出,其他观众都在闲谈和观望。[④] 这些观众的“演出”是戏园景观的一部分,使得戏园的环境如同茶楼一样杂乱。戏园里演出不间断,在次要演员上台时,观众忙于谈天、吃东西,但是当名角上台时,观众多关注舞台上的演出,叫好声不断。戏园里的舞台仍然是传统样式,但采用了更多的装饰和最新的煤气灯照明,这无疑增加了演出的吸引力。

台上的演出也有别于传统的地方剧种。租界里最早的剧场是三雅园,由文班演出昆曲,因为过于高雅,不能吸引观众。19 世纪 60 年代随着满庭芳开业,徽班时兴起来,不久之后京班独领风骚,金桂园和丹桂园都聘请了北京名角。京班的时兴影响到了妓院,妓女也学唱二簧小调;更影响到街头的衣着风尚:“自京班来沪,一时官商士庶强半京装。其甚者,男则宽衣大袖学优伶,女则靓妆倩服学妓家。”[⑤]

除了大型商业戏园里的表演,还有在茶楼和街头演出的花鼓戏。花鼓戏班最初在上海县城的新北门外演出,那里离法租界的吉祥街不远。在当地官员禁演花鼓戏之后,仍有些演出秘密进行

① 顾炳权编:《上海洋场竹枝词》,第 22 页。原文载于 1874 年《申报》。
② 黄式权:《淞南梦影录》,见《沪游杂记·淞南梦影录·沪游梦影》第 117 页。
③ 王韬:《海陬冶游录附录》,见《香艳丛书》第 5690 页。
④ 顾炳权编:《上海洋场竹枝词》,第 23 页。原文载于 1874 年《申报》。
⑤ 葛元煦:《沪游杂记》,见《沪游杂记·淞南梦影录·沪游梦影》第 20 页。

着，如一首竹枝词吟道：

花鼓声停已六年，
近闻渐欲拨新弦。
茶楼一角娇歌飞，
赚得乡农几十钱。①

传统戏班都是男性演员，花鼓戏的异性演员在一起演情爱剧被认为是淫秽演出。黄式权批评道：

无业游民及梨园子弟之失业者，纠土娼数辈，薄施脂粉，装束登场，荡态淫声，不堪听睹，名曰“花鼓戏”。向年新北门外吉祥街一带，不下十数家。自叶顾之观察宰我邑时，严行禁止，有犯必惩，其风始息。比年，虹口及西门外幽僻之处，时或一演。②

在妓院里，有些妓女也组成女戏班来演猫儿戏：

忽引娇吭歌调变，
侧帽宫花，
斜压蝉云颤。
巾帼须眉俄顷换，
雌雄扑朔浑难辨。③

① 顾炳权编：《上海洋场竹枝词》，第416页。原文载于1888年2月27日《申报》。
② 黄式权：《淞南梦影录》，见《沪游杂记·淞南梦影录·沪游梦影》第104—105页。
③ 葛元煦：《沪游杂记》，见《沪游杂记·淞南梦影录·沪游梦影》第61页。

猫儿戏和花鼓戏是业余演出，没有名角，而职业戏班则以名角为核心，大型戏园的商业运作也开始围绕着名角展开。旧式戏班在不固定的场所演出，比如庙会、会馆、私宅等，其演员被认为是社会最底层，是戏班主人的私有财产。他们的演出是节日庆典的一部分，却很少因其自身的艺术性而被欣赏。他们被看作神灵的傀儡，无法从舞台角色里走出来，以其自身的个性来吸引观众。与此相反，商业戏园的名角成为娱乐明星，个性鲜明，进入大众文化。这一发展表明戏剧演出在失去传统的祭神功能后，也就不再具有创造一个非常的节日时刻的功能，而事实上它却在创造一个以商业娱乐为主的新的每日生活秩序。

在京班中，演员周凤林专于昆曲，后转京剧，黄式权描写他道："年可二十余，圆资替月，润脸羞花，顾盼生姿，流利鬌逸。"①黄式权的著作《粉墨丛谈》效仿了王韬写的妓女小传，收集一系列演员的小传。和名妓一样，旦角演员的美色在文人笔下也象征着时光的消逝。黄式权回忆早期的演员在六七年后就消失了，而当前的演员都是被北京戏园弃用的，年老色衰，但在喜新厌旧的上海倍受欢迎。②

妓女学唱京剧小调，也许是要模仿旦角演员。不过她们并没有效仿旦角的形象，而且旦角的服饰也从来没有在城市中流行过。城市中的时尚男子"宽衣大袖"效仿着京剧中的生角，武生角色特别吸引妓女，其台上动作表演显示炫目的阳刚魅力，但是这也是虚幻的，就像妓女的魅力一样难以持久。

19 世纪末 20 世纪初，上海的小报经常报道戏园名角和妓女的粉色新闻。随着戏剧成为市民每日生活中的娱乐和消费，"戏剧演出"也溢出戏园：名角和妓女的新闻也成为市民关注的"真实"演出，这些演员和妓女也就进入了大众的娱乐文化。

---

① 黄式权：《粉墨丛谈》，见《香艳丛书》第 4853 页。

② 黄式权：《淞南梦影录》，见《沪游杂记 · 淞南梦影录 · 沪游梦影》第 101，111 页。

街头赛会

传统的节日剧场虽然没有在租界里出现,但是民间的节庆活动还是出现在城市的街道上。在江南的城镇里,很多宗教和世俗的庆祝都在街道上进行,游行队伍把日常的街道变为神灵的空间。地方官员也定期巡街来展示官府权力,相比之下,民间的游行较为混乱和嘈杂,旨在演绎阴界的神灵,与阳界的官府形成对立。不过官方和民间的宗教活动之间并没有明显的界限,比如城隍就是两者共同崇拜的。城隍管理阴界,并且影响到阳界,因为死者的神灵保护着其子孙后代。神灵和祖先的牌位都在庙里或者家里供着。

上海县城的城隍传说是明初的秦裕伯,民间有奉城隍出巡的仪式。王韬记载了这样的祭神活动:"清明、中元、十月朔,邑人例奉城隍出巡,谓之三节会。妓女多着赭衣白裳,蓬发银铛。乘兴后从,谓之偿愿。"①后来黄式权也描述了同样的祭神活动:

> 向例上、中、下三元节,邑神出会赈孤,遍行城厢内外。是役也,旗帜之鲜明,执事之整肃,固不待言。而小家碧玉、狭巷娇娃,艳服靓妆,锒铛枷锁,坐无顶小轿游行其间,谓之女犯。既可媚神,亦能炫客,诚一举而两得焉。后经前邑尊叶顾之观察出示严禁,此风遂绝。②

这样的游行叫作赛会迎神,是当地民间的精神宣泄活动,活动中的

---

① 王韬:《瀛壖杂志》,上海古籍出版社,1989 年,第 12—13 页。

② 黄式权:《淞南梦影录》,见《沪游杂记 · 淞南梦影录 · 沪游梦影》第 110—111 页。

装神扮鬼似乎是草民对阳间官府的一种反叛。

各地常常通过大型的赛会迎神来祭祀佛教的盂兰盆节,俗称鬼节(农历七月十五)。游行跨越阴阳界限,把日常街道变为孤魂的漫游路线。这路线是一种临界空间,像是原始的道途,与城市街道形成反差。本雅明指出“街”(street)与“道”(way)的不同:

> 要理解“街”这一概念,就要把它与古老的概念“道”对比起来。由于它们的神化性质,这两个概念完全不同。道有漫游的恐惧,如此的恐惧困扰着游牧民族的领路者。他就是今天的孤独游荡者,在其非理性的行走路线中,保留了领导古老游牧人群的决策力。但是街上的行人却无需这样的领路人,他不是因为游荡而行走在街上。相反,他只是跟随着单调而神奇的连绵不断沥青路面的延伸。单调和游荡,这两种恐惧的结合体现在迷宫般的布局。①

古老的游牧人群和现代都市中孤独路人有着不同的游荡路线,这就是道和街的不同。其实租界里寓居者的冶游就是在城市迷宫中的漫游,而当地居民也偶尔在街道上象征性地游行。

历史悠久的中华农耕文明对游牧的记忆很少,不过战争和自然灾难常常迫使居民离家逃难,寻找新的家园。如此流离失所的恐惧似乎在地方祭神活动中被重演,当地居民的赛会迎神再现了灾难性的危机时刻和漫游的恐惧。

在江南的村庄、小镇或县城里,街道通常狭窄而弯曲,和游牧人群的道途有相似之处。当西式大道首次出现于上海租界时,华人欣赏这一“单调”而雄伟的奇观。但是当祭神活动通过外滩大道时,却把它转变为鬼怪般的崎岖路径。1884 年农历五月上海县

① Benjamin, *The Arcades Project*, p. 519.

人祭天后，一支迎神队伍从县城的小东门出发，经过租界的外滩，直到虹口铁路附近新建的天后宫，《点石斋画报》用两页篇幅来报道这一活动（图84），并详细描述了迎神队伍：

图84 迎神入庙：赛会迎神队伍通过外滩大道。（《点石斋画报：大可堂版》第1册，第55页）

所有仪仗，除寻常清道鸣锣、天后圣母之街牌、銮驾马执事，外有大万民伞一顶，嵌以银字，光彩陆离。清音送奏，顶马分陈，中有扮作戏出垂马者，并有年将及笄之女郎，红妆骑马，按辔徐行，殊有婀娜之态。他若仙童玉女，各乘白马，并童子扮作八仙，亦皆跨马，翩翩而至，栩栩欲仙。

由于沿海地区都祭祀天后，来自广东福建的寓居商人都带着供品加入游行队伍:“继有粤人身穿官纱衫裤,手戴金镯,敲锣掮旗,及头戴凉帽,身穿荷色雪青纺绸熟罗长衫,并戴墨晶眼镜者,或掮旗,或舁额,不知万几。”

值得一提的是,该报道的图像没有真实地描绘笔直的外滩大道①,而是展现了一支曲折蔓延迎神队伍,西式大道也因这一传统活动而嬗变为蜿蜒的乡间道路。这倒也真实地反映了此时西式大道的空间秩序被打破了。画家延续了描绘赛会迎神的惯例,而忽略了新的城市空间秩序和旧式地方祭神活动之间的矛盾。在两者的对抗中,迎神队伍被新的空间和法规所约束,如该报道描述道:“捕头率领中西捕,节节照料,处处弹压。”

这样的对抗时常出现在租界的街道上。寓居者把家乡的祭神活动带到上海,在商业会馆里供奉着家乡的神灵,会馆也常在中元节在街道上举行祭神活动。远离家乡的寓居者加入迎神队伍,似乎认为他们的寓居就是孤魂的游荡,于是就有放荡不羁的行为,甚至遭到租界巡捕的干预。

1887 年《点石斋画报》的一篇报道描绘了一场巡捕和赛会迎神队伍在大马路上的冲突(图 85)。在笔直的大街上,传统的迎神队伍显得杂乱无章,被租界巡捕镇压。迎神队伍沿途烧纸钱,租界巡捕阻止无效,就逮捕了两名会客。队伍就纠集众人来到捕房,要求放人,直至双方持械互搏。该报道把这场混战戏剧化了:“红头健捕顿张黑鬼之威,蓝面魔军亦呈乌蛮之气。”赛会队伍和巡捕队伍都旨在营造一种公众秩序,前者利用召唤地方神灵来超越乡民对死亡的恐惧,而后者则象征着超越旧乡土文化的新都市空间秩序。图 85 正是展示了这两种秩序的交替:鬼怪的傀儡在西式巡捕面前似乎不堪一击。

租界当局组织的西式游行活动就旨在展示新的城市空间秩序。1879 年美国总统格兰特访沪,公共租界就有以西人火警为主

---

① 见图 58。

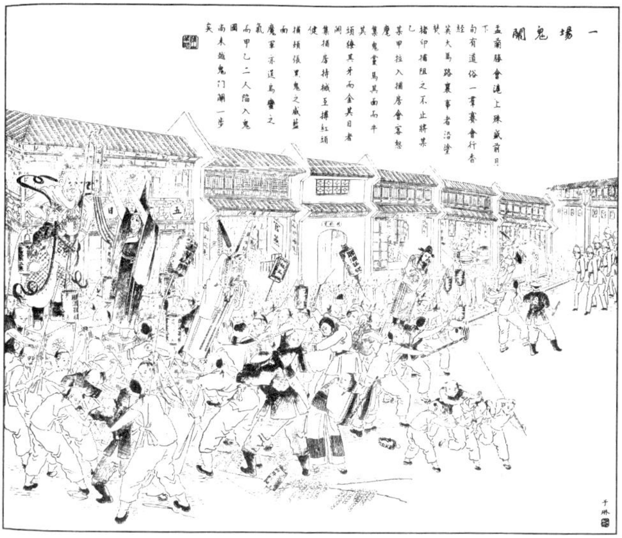

图 85　一场鬼闹：赛会行香遭到租界巡捕镇压。(《点石斋画报：大可堂版》第 4 册，第 137 页)

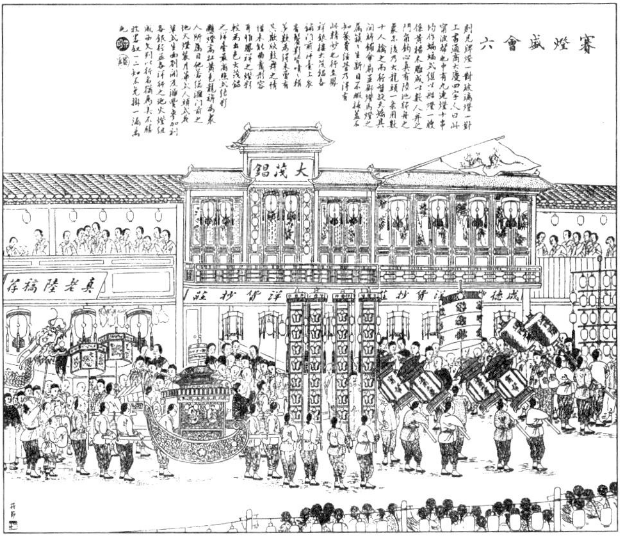

图 86　赛灯盛会之六：租界成立 50 周年庆典游行中的宁波帮队伍。(《点石斋画报：大可堂版》第 10 册，第 285 页)

的游行,华人称之为“水龙会”。① 1887 年英王维多利亚就位五十周年大庆之际,租界举行了大型游行庆祝活动,《点石斋画报》也有报道。华人观众对游行队伍中的军警和大象赞叹不已。②

1893 年公共租界的工部局组织庆祝租界成立 50 周年的大型游行活动,并邀请华人商界组织参加(图 86)。华人行会和公所反映积极,为庆祝活动捐钱,比起西人社区有过之而无不及。上海的中英文媒体都报道了这一活动。《点石斋画报》出版了专刊《赛灯盛会》来报道这一活动,一共八幅图像展示了水龙会和七个华人行会的游行。图像中的游行队伍由右向左直线前行,展示了“模范租界”的发展和秩序(图 86)。这一游行与蜿蜒蛇行的赛会迎神不同:井然有序的观众和游行队伍取代了混杂的会客和观者;沿街高挂的灯笼取代了祭神的行香焚纸。英文《北华捷报》报道:“在严厉而友好的控制下,华人的顺从性得以展示。”③

不过租界当局对华人游行及其观众的控制并非完全有效。《点石斋画报》专刊中的最后一幅图像《赛灯盛会九》就描绘了南京路上的游行观众中的一场纠纷:一位观众在人群中被债主发现,债主执其发辫,举手欲击,遭众人劝解。报道劝戒好游者:如有欠债,不如“藏头露尾”(图 87)。

华人游行队伍有着自己的目的和行程,也多少保留了旧式赛会的一些特点,比如游行的服装和器械。宁波帮游行的旗帜、灯笼等,都是从宁波城隍庙会租借来的。游行的费用也是由沿街店铺赞助的,这些店铺要求游行队伍经过其所在的街道,为店主带来好运。当广东帮游行队伍要进入一条非官方划定的游行街道时,巡捕阻止了他们。广东队伍忿忿不平,就此解散,没有按计划走到设

---

① 黄式权:《淞南梦影录》,见《沪游杂记 · 淞南梦影录 · 沪游梦影》第 113—114 页。

② 吴友如等绘,张奇明编:《点石斋画报:大可堂版》,第 4 册,第 95 页。

③ *North China Herald*, November 24, 1893.

图 87　赛灯盛会之九：租界成立 50 周年庆典游行观众中的纠纷。
(《点石斋画报：大可堂版》第 10 册，第 288 页)

在外滩的游行终点。《北华捷报》评道:“因为一些误会,华人游行队伍和火警队伍分开了,转变了方向,以至外滩大凯旋门处的观众没有看到华人游行队伍。周六又有误会,只见到部分的游行队伍……华人商会的大游行是一场失败。”①

这种失败源于华人和西人对庆祝活动的不同预期。租界当局希望华人游行是展示模范租界的一部分,而华商希望游行队伍经过他们的店铺,为他们带来吉祥和财富。此类本土居民和殖民者的利益冲突很快就将演变成中华民族主义和西方帝国主义之间的矛盾,后来民国时期上海的政治游行和示威就恰恰体现了这一新矛盾。

马车与人力车

租界里的大街既可以举行庆典游行,又方便日常的车辆通行。《申江胜景图》有诗吟道:

> 英租界,黄浦滩,
> 荡荡通衢平如砥,
> 贴地烟尘凝不起。
> 洋车马车逐队来,
> 恍入泰西英界里。②

如此耗资巨大的市政工程在其它地方的城镇中是没有的,地方官府只可能耗巨资去修建城墙和城楼。除了京城里的大街,一般的城市街道狭窄拥挤,主要供行人、轿子、小车等通行。租界里的马

---

① *North China Herald*, November 24, 1893.

② 吴友如绘:《申江胜景图》,卷上,第57页。

路可供西式马车通行，是为新型交通工具设计的。

马车由西人引进，但是华人很快就开办了租马车的业务。游客花两个大洋就可租马车半天来游览外滩和郊区，寓居商人和妓女于是就模仿西人来坐马车冶游。到19世纪90年代，上海有2000多辆马车供华人乘坐，但是大多没有西人乘坐的马车那么安全。①

华人的日常交通工具是轿子和东洋车，他们坐马车多是为了娱乐兜风，如池志澂评道："华人效此，仅以为助兴会、扩胸襟而已。"②妓女出局一般乘轿子穿行于夜间的街巷，隐藏在轿厢里不为路人所见。妓女坐马车却是利用自己的休闲时间走出拥挤的里弄街区，到大马路上游览城市景观，到黄浦江边呼吸新鲜空气。妓女也常常和客人一起坐马车，模仿西人伴侣。也有妓女经常坐马车招摇过市，吸引新顾客。

寓居华人把马车这一外来交通工具"改造"成当地的冶游工具，取代了传统的江南画舫。开埠前的上海与苏州或南京不同，没有景色宜人的运河和水巷，妓女也不能乘坐画舫来公开露面，隐藏于街巷中的妓女只有通过加入迎神赛会来招摇过市。而在租界里，西式大街比江南水巷更壮观，于是坐马车就成为新的冶游方式，妓女既可观景同时也向街头人群展示她们的新时尚。

马车上的乘客虽然为路人所见，但高坐在车上，飞速行驶，与路人保持一定的距离，坐马车的优越感是行走于街巷之间所没有的。

坐马车让妓女有机会成为公众偶像，不过她们在公众场合的不检点举止却损害了她们的形象。她们像站街女一样构成了对公共秩序的威胁，例如她们在马车上的偶尔争斗和吵闹就暴露在公

---

① 葛元煦：《沪游杂记》，见《沪游杂记·淞南梦影录·沪游梦影》第17页；池志澂：《沪游梦影》，见同书第160页。

② 池志澂：《沪游梦影》，见《沪游杂记·淞南梦影录·沪游梦影》第160页。

众的目光下①(图 88)。妓女和客人在夜间乘马车甚至有出轨行为,引起巡捕的注意。这些举止和妓女在马车上的耀眼装束当时的媒体都有所报道。②

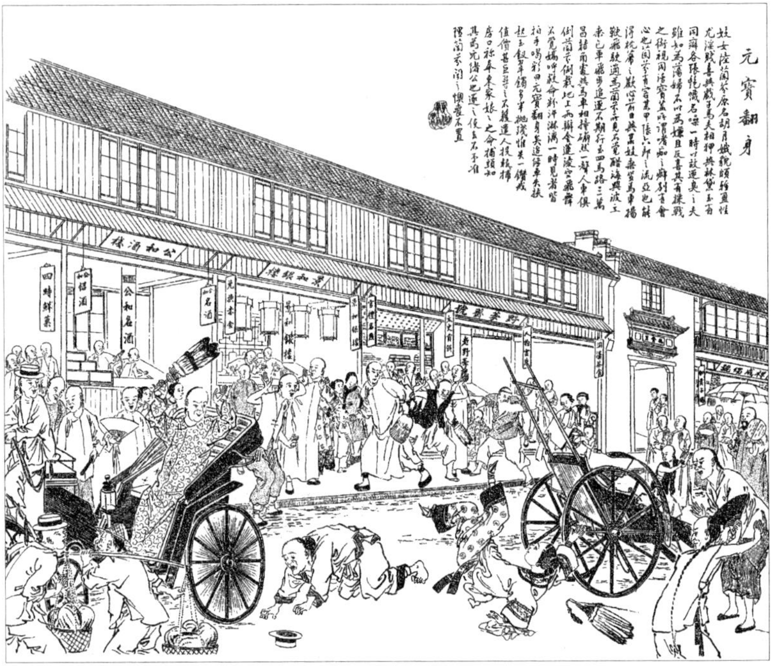

图 88　元宝翻身:妓女陆兰芬见到她的客人和妓女林黛玉一同坐马车,顿生醋意,叫辆东洋车追赶,直至两车相撞。(《点石斋画报:大可堂版》第 14 册,第 209 页)

妓女和马车车夫的桃色新闻也偶尔见诸报端。马车车夫在晚清小说中也是个阳刚的角色,他和较为卑贱的轿夫和东洋车夫不同。他驾驭马车时高高在上,在街上常常不可一世。《点石斋画

① 另见图 66。

② 吴友如等绘,张奇明编:《点石斋画报:大可堂版》,第 14 册,第 205,233 页。

报》一篇题为《马夫凶横》的报道详细描述了四马路上一个事故：

> 尝见洋场十里间，马夫执辔而来，每遇东洋车避让稍迟，往往挥鞭直扑，或途遇行人，亦必执策肆殴，然后加鞭飞驰，追之不及，执之不能。无怪若辈之胆愈大，而人皆付之无可如何也。日者英租界四马路有一半老徐娘，手挈幼孩，行至"五层楼"前，左顾右盼，得意扬扬。不虞后有钢丝马车飞驰而来，妇迫不及避，遂被马首撞倒。霎时鬟云撩乱，衣履沾泥，犹幸未受重伤，得即挣起。马夫见之，忽扬鞭大骂曰："尔岂两目青盲者，何竟踯躅中途，不知趋避，万一撞伤，谁执其咎。"举鞭欲击，行路者咸抱不平，马夫始策马飞奔而去。①

报道呼吁租界工部局严行查办，有犯必惩。工部局的确颁布了一系列交通法则，如《沪游杂记》记载："禁马车过桥驰骤。禁马车、小车在马路随意停走。禁马车、东洋车夜不点灯。"②后来黄式权又记录了新的禁例："马车不准五人同坐；东洋车夫不得蓬首垢面，污秽不堪……"③但是马车事故仍然不时发生，《点石斋画报》就报道了很多马车事故。④ 这些报道并不同情交通事故的受害者，而是用因果报应来解释他们在采用新型交通工具时的鲁莽行为。

与骄横的马车车夫相比，东洋车夫是奴才般的苦力。但是他们中的有些人却是从富贵堕落到贫穷，靠拉车来求生⑤，一首竹枝词吟道：

---

① 见图64。

② 葛元煦：《沪游杂记》，见《沪游杂记·淞南梦影录·沪游梦影》第3页。

③ 黄式权：《淞南梦影录》，见《沪游杂记·淞南梦影录·沪游梦影》第146页。

④ 除了图66和图88，另见吴友如等绘，张奇明编：《点石斋画报：大可堂版》，第1册，第219，234页；第3册，第40，80，323页；第4册，第131页；第6册，第192，193页；第14册，第98，196页。

⑤ 见图37。

推车半是坐车人，
记否当年罗绮身。
金尽床头牛马走，
一年无日不风尘。

诗人注解道："东洋车夫半有烟霞癖，盖多狂荡好游，流为此浪子，收场亦可怜也。"①

小说《海上花列传》中赵朴斋在在妓院里挥霍了家里多年的积蓄后，宁愿以拉东洋车为生也不肯回乡下老家（图89）。当他的母亲和妹妹来上海寻他回家时，妹妹赵二宝定要问他缘何不想回家，连问十数遍，朴斋终呐呐然说不出口……二宝道："我说俚定归是舍勿得上海，拉仔个东洋车，东望望，西望望，开心得来！"几句说得朴斋无地自容，回身对壁（29.433）。

图89　善卿上车时，忽见那车夫年纪甚轻，面庞厮熟，仔细一看，顿吃大惊，失声叫道："耐是赵朴斋！"那车夫回头见是洪善卿，即拉了空车没命的飞跑西去。（《海上花列传》第28回）

① 辰桥：《申江百咏》，见《上海洋场竹枝词》第81页。

如此落魄的东洋车夫竟然可以开心生活，可见不论是新贵还是平民都可以享受现代都市带来的快乐；不论是坐车的还是拉车的，都可以享受着马路上各种奇观。这种快乐是一种新的自由，但也是一种“堕落”：城市的诱惑让最卑贱的角色也幻想成为新贵，并能“梦想成真”。

花　　园

寓居者最常走的马车冶游路线是由四条大街组成的环形路线：四马路（福州路）、石路（福建路）、大马路（南京路）和外滩大道。除了外滩是西式城市景观外，另外三条大街的两旁大多是华人店铺。位于外滩北端的“公家花园”本可以成为这条路线的停留点，但是租界当局禁止华人入园。晚清的中文媒体很少提到这一公园，寓居者似乎忽略了这一殖民者的公园。而在民国时期，该公园因传入口处挂牌写“华人与狗，不得入内”深为华人痛恨，成为国耻。

上海县城里城隍庙旁边的西园和东园是传统的游览胜地。西园又称豫园，1760 年由潘家卖给商人行会，随后就成为城隍庙市场的一部分。著名的湖心亭成为茶馆，周围是文物和工艺品市场。有竹枝词咏道：

沪城邑庙景天然，
多借亭台作市廛。
人到殿前犹未绝，
两行书画米家船。①

西式马车不能穿过县城里的狭窄街巷来游览豫园，寓居者要另

① 辰桥：《申江百咏》，见《上海洋场竹枝词》第 85 页。

找途径。早在19世纪60年代,西人就越界筑路到租界以西的静安寺附近,很快就有妓女和顾客像西人伴侣一样坐马车来到这里,在树林里小息,然后回城。不久申园在静安寺旁边建成营业,吸引租界里的华人来此郊游。《申江胜景图》描绘了此园,有西式的门廊和主楼,旁边是中式长廊和亭阁(图90)。另据《申报》报道,申园的主楼是一座茶楼,可以容纳两百名顾客,这里尽管没有传统园林的山石古木,但还是吸引了很多游客在夏秋季节的傍晚乘马车来此纳凉饮茶。也有客人乘东洋车来游园,受到其他客人的鄙视。①

图90　申园。(《申江胜景图》,卷下,第28页)

1890年与申园相邻的愚园开门营业,申园的生意就此衰落。据池志澂记载,愚园的楼房和摆设是上海花园之冠,吸引了大批

① 徐载平,徐瑞芳:《清末四十年申报史料》,第314页。原文载于1886年8月《申报》。

游客。[1] 在新式花园里，男女顾客作为伴侣出现在公众眼前，他们其实是效仿公园里的西人伴侣，有诗吟道：

西夷男女不知羞，
携手同行街上游。
亵语淫声浑不顾，
旁人但听只啾啁。[2]

小说《海上花列传》中妓女和客人偶尔乘车来游玩静安寺旁的明园（可能是影射愚园）。一个礼拜日，商人王莲生和妓女张蕙贞与另一对相好都来到此处：

于是大家或坐或立，随意赏玩。园中芳草如绣，碧桃初开，听那黄鹂儿一声声好像叫出江南春意。又遇着这天朗气清、惠风和畅的礼拜日，有踏青的，有拾翠的，有修楔的，有寻芳的。车辚辚，马萧萧，接连来了三四十把，各占着亭台轩馆的座儿。但见钗冠招展，履舄纵横；酒雾初消，茶烟乍起；比极乐世界“无遮会”还觉得热闹些。（9.325－326）

这样西式草坪上的男女聚会与传统的私家花园里的聚会不同，在这里寓居者享受城市和田园的双重乐趣，不过这个郊区花园很快就变得和城市街道一样危险。在人群中，戏子小柳儿直视张蕙贞，被王莲生认出，稍后莲生的另一相好妓女沈小红（她的姘头就是小柳儿）及其娘姨来到。小红指责蕙贞偷了她的客人，即与蕙贞殴斗，小红的娘姨也加入进来。莲生欲阻无力，引来众人围观，最后外国

---

① 池志澂：《沪游梦影》，见《沪游杂记·淞南梦影录·沪游梦影》第161—162页。
② 顾炳权编：《上海洋场竹枝词》，第50页。原文载于1874年《申报》。

巡捕被叫到现场,凶悍的小红才被阻止(9.327;图91)。“无遮会”在瞬间变成了危险的殴斗,公园里也充满了混杂和恐惧。

图91　只见沈小红早上楼来,直瞪着两只眼睛……一手抓住张蕙贞胸脯,一手轮起拳头便打……两个扭结做一处……阿珠连身撞去,收礼不来,也往前一扑,正伏在莲生的身上。五个人满地乱打,索性打成一团糟,倒引得看的人拍手大笑起来。(《海上花列传》第9回)

明园成了危险街道的延伸,而小说又构建了另一个梦想花园。位于城外的一笠园是富商齐韵叟豪宅的一部分,它是在远离嘈杂街道的高墙内再造的田园景观,其布局体现着传统的风格,主体建筑大观楼影射《红楼梦》中的大观园。客人和妓家在此忘记了俗念和金钱,陶醉在园林的诗意中。与拥挤的里弄和混杂的公园相比,此处是更理想的私家环境。如此浪漫的笔调突出表现于文人雅客和妓女在园中一起庆祝七夕佳节的聚会(图92)。

一笠园位于由租界到静安寺马路的中段,这位置恰如当时的名园张氏味莼园(简称张园)所在。张园是官商张叔和的私家花园,1882年张叔和从某西商手中购得此园,经过扩建改造,在1885年对公众开放,并很快成为上海的新潮商业空间。公园以其宏大规模、开阔草坪和西式建筑而著名。1893年由有恒洋行英国工程师设计的西式建筑在园中落成,冠名为安垲第(Arcadia Hall),有世外桃源

图 92　当下凰仪水阁掇开两只方桌，摆起十六碟八炒八菜寻常便菜，依照向例，各带相好，成双作对的就坐……高亚白一望，连忙从阁右赶至矾头，绰起一枝竹篙，就岸上只一点，已纵身跳上别只艇子，抽去桩上绳缆，随脚蹬开。这艇子便似箭离弦，紧对文君呼的射去。（《海上花列传》第 39 回）

之意。安垲第是当时上海最高的建筑，游人登楼可以远眺租界的城市美景。张园很快发展成一个城外之城，游客不仅可以欣赏西式的园林建筑景观，还可以体验各种新型娱乐空间，比如茶室、餐馆、戏院、书场、展览馆、照相馆等娱乐文体设施。①

1893 年《点石斋画报》报道，由于张园的成功经营，以往愚园的常客都转到张园游览。报道描绘了园里的一起马车事故，一对年轻夫妇游客因此坠入池中，接着评论道："有识者乃归咎于妇女不宜轻出闺门，是也。然吾独谓该园荷池畔亦宜围以栏杆，免致偶不经意，倾跌堪虞。"（图 93）该报道显然默许了家庭妇女在公共场合露面。

当时夫妇游园的情形毕竟较少，更多的游园伴侣是妓女和狎

① 熊月之：《张园：晚清上海一个公共空间研究》，《档案与史学》1996 年第 6 期，第 31—42 页。

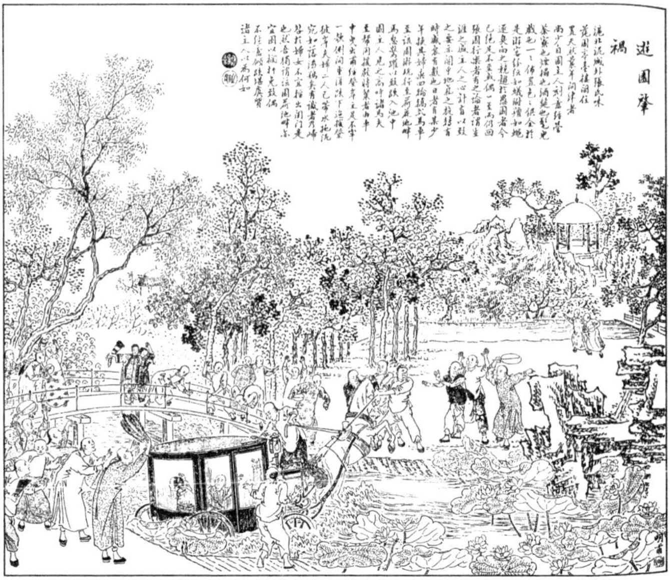

图 93　游园肇祸：张园内景。(《点石斋画报：大可堂版》，第 10 册，第 206 页)

客。四马路是夜间冶游胜地，而张园则是白天冶游的场所，租界里的“四大名妓”陆兰芬、林黛玉、金小宝和张书玉常到此游园。《游戏报》常常刊登妓女照片，在园中免费赠阅。晚清名妓的末代辉煌展示在这个新潮花园里，不过此时的妓女已不再是只能在公共场合露面的女性，其他妇女在城市公共空间的出现恰恰也是名妓文化衰落的开始。

越来越多的上海贵妇来张园参观游览。1897 年 12 月 6 日 112 名中西名流妇女聚会张园的安垲第来讨论建立一所女子学校，《点石斋画报》一篇题为《裙钗大会》的报道描述了这一“我华二千年来绝无仅有之盛会”。会议由上海道台的夫人主持，过半的与会者是外国妇女。报道主要描绘了盛装的西方女性，很多华人女性则是位于画面的后方，只有两位华人坐在前面的主席位置(图 94 下)。

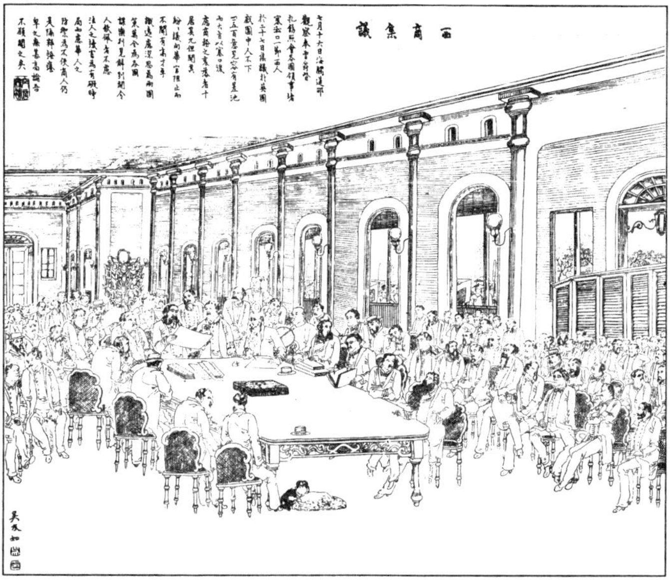

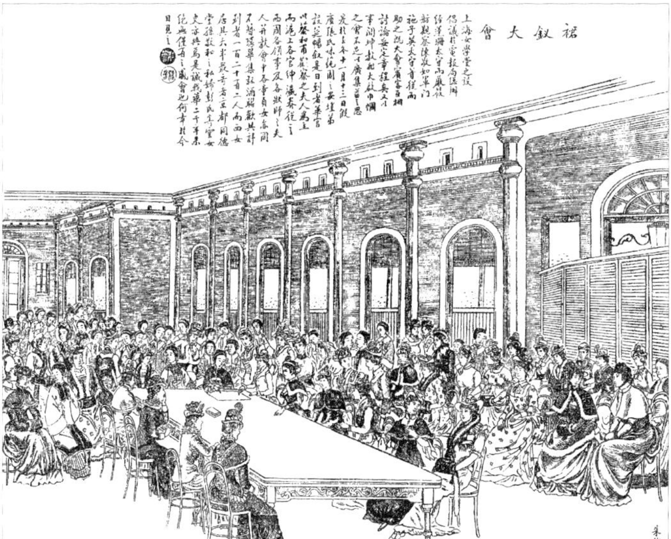

图94　上：西商集议；下：裙钗大会。（《点石斋画报：大可堂版》第 1 册，第 135 页；第 15 册，第 13 页）

在描绘这一事件时,画家(署名朱儒贤)模仿了吴有如在十三年前刊登在同一画报上的另一幅作品《西商集议》(图94上)。吴友如的作品描绘了西商在上海的一个英国剧院里举行会议的情形。模仿吴友如作品在晚清上海很常见,多出现在冶游指南中。但是朱儒贤的模仿却把男性西商换成中西女性,而姿势不变,也抄袭了原图中的西式室内装饰和会议圆桌。他显然没有见到该会议的真实场景,所以只能想象它与西商会议相似。如此的图像抄袭似乎解释了男性画家的一种恐惧:新型妇女在走出闺阁之后就像洋人一样。的确,上海女性的新自由正是她们加入现代都市的生产和消费的前奏。

在19世纪末20世纪初,张园不仅是展示最新潮流的娱乐空间,也是讨论政治和革新的公众聚会空间。这一新功能表明上海正在从冶游城市转变为新的政治文化中心,新上海不仅是消费旅游城市也是民族主义政治运动的中心。租界不仅容纳了妓女和新型妇女的各种公共活动,也吸引了新一代的文人和革命者,颓废的冶游空间很快就嬗变为进步和革命的空间。

尾篇　晚清女性文化之影响

女性形象在晚清城市空间中的出现是上海现代性的重要标志之一。她们从高墙里的闺阁和庭园中走出来，出现在城市的街道、花园和各种娱乐空间里。可以认为这一变革的领导者就是晚清妓女，她们的形象直接影响到民国时期的摩登女性。这一影响很少被史学家重视，因此本书的最后要讨论一下晚清女性文化对后来上海都市文化的影响。

我们所知道的晚清女性形象都是由当时上海媒体中的文字和图像表现的。《点石斋画报》主绘吴友如就试图用传统仕女画方式来表现上海新女性形象。他在1890年离开《点石斋画报》，自办《飞影阁画报》，每期除时事外，设“画粹”三页，以“闺艳汇编，新妆仕女”为主体。① 这些作品在他去世后收集在宣统年间出版的《吴友如画宝》中，其中包括《海上百艳图》的一百幅新妆仕女绣像，大多再现了旧式仕女形象，传统着装，练习书法和刺绣，背景多为传统风格的园林景观和室内陈设。② 但是其中也有许多作品描绘了城市中的时髦女性，她们或打弹子球，或用西式望远镜眺望城市景观，或去照相馆照相，或去西餐馆吃大菜（图95）。如此公众场合的女性活动当时只有在上海才能看到。

---

① 郑逸梅：《点石斋石印书局和吴友如其人》，郑逸梅：《书报旧话》，学林出版社，1983年，第87页。

② 吴友如绘：《吴友如画宝》，上海书店出版社，2002年，第1卷，第205—306页。

图 95　别饶风味。(吴友如绘:《吴友如画宝》,上海书店出版社,2002 年,第 1 卷,第 275 页)

《海上百艳图》每图仅配四字标题,没有说明所绘人物是何种女性。晚清上海是贸易城市,少有乡绅大户,而多有未携家眷的寓居客和冶游客,城市公众场合中耀眼的女性多是长三书寓。吴友如所绘的时髦女性应该是当时出现在公共空间里的高级妓女。晚清小说《海上花列传》中描绘妓女的多幅插图就模仿了吴友如的作品,例如小说第 57 回的插图(见本书第六章图 76)就是图 95 的翻版。

《海上百艳图》中的《以永今夕》描绘了一位衣着华丽的女性在桌边独自摆弄骨牌(或叫牙牌),旁边坐着一个抱小孩的娘姨(已婚女佣)。画面的左边,在西式玻璃大镜、烟榻和煤气灯前,一个打瞌睡的大姐(未婚女佣)在拉着风幔,为妇人送凉风(图 96)。这似乎是一个夏天傍晚的家常情形:富裕城市中有很多悠闲而无

图 96　以永今夕。(《吴友如画宝》第 1 卷，第 246 页)

奈的时间，而摆弄骨牌无疑是在打发这些时间。

此图应该是描绘了一个高级妓家的室内，图中的大镜、烟榻和圆桌都是妓家的通常摆设(详见本书第三章)。小圆桌(当时叫作百灵台)和西式座椅是妓家用来招待打茶围的客人的。右边的窗子是落地的，并配有西式栏杆，这应该是当时里弄房屋的二楼闺房。图中还有挂在中间墙上的一帧照片，大约是一位妓女模仿西人姿势交叉双臂的玉照，这算是一件时髦的现代物品。

图中的娘姨和大姐也是妓家必备的，有的娘姨入股妓家，并携夫家子女一同入住妓家。图中的小孩应该是娘姨自己的小孩，而玩骨牌的妓女是没有小孩的。骨牌也是供客人开牌局用的，普通家庭中应该不多见。

夜晚是妓女的繁忙时刻，名妓常常在一个晚上被客人多次叫到饭局或戏局，这就是妓女的出局。但有些时候，一个妓女会因为没有出局而独自守在闺房中。《海上花列传》有一段讲述客人洪善卿一次在深夜投宿到相好妓女周双珠家中：

> 善卿推门进去，直到周双珠房里，只见双珠倚窗而坐，正摆弄一副牙牌在那里“斩五关”，[另一个妓女]双玉站在桌边观局。善卿自向高椅坐了，双珠象没有理会，粹然问道……双珠的五关终斩他不通，随手丢下[才来应酬善卿]。(12.344)

当时周双玉是老鸨周兰新买的讨人，生意还不多，但人很聪明，看着双珠玩牙牌自己也学会玩。后来她的生意好了，就无闲玩了。另一晚善卿见双珠在一次出局后回到家里仍旧摆弄牙牌，而双玉却在外多次出局未归(17.370)。

养妓女是老鸨生意上的投资和赌注，妓女的价值在于她生意上的成功。妓女的职业生涯就是一种博弈，就像是玩一种骨牌游戏。如果妓女没有出局应酬，她就只有在家里玩骨牌来消解生意场上的焦虑和不安。

大约半个世纪后，《以永今夕》被修改并借用于著名上海作家张爱玲的小说集《传奇》增订版的封面(图97)。[①] 用晚清图像来装饰她的小说集封面正是暗示着张爱玲的文学创作在很大程度上可以溯源到晚清时期。和吴友如的原图相比，这个封面设计略去了大姐、烟塌、西洋大镜、煤气灯、风幔和妓女玉照，而增加了一盏吊灯和一个比例过大的现代女性的人形轮廓。这个人形轮廓和原图中的妓女玉照姿势相仿，好像是那个微小模糊人形的放大，从半空中侵入这个安静的闺房。张爱玲解释道：

---

① 姚玳玫：《从吴友如到张爱玲：19世纪90年代到20世纪40年代海派媒体“仕女”插图的文化演绎》，《文艺研究》，2007年第1期，第134—146页。姚玳玫对吴友如原图的分析并没有指出它描绘的是一个妓家，而是认为它描绘了一个寻常家庭。

图97 1944年版《传奇》封面。

> 封面是请炎樱设计的。借用了晚清的一张时装仕女图，画着个女人幽幽地在那里弄骨牌，旁边坐着奶妈，抱着孩子，仿佛是晚饭后家常的一幕，可是栏杆外，很突兀地，有个比例不对的人形，像鬼魂出现似的，那是现代人，非常好奇地孜孜往里窥视。如果这画面有使人感到不安的地方，那也正是我希望造成的气氛。①

张爱玲的描述让人联想到闹鬼的老房子，不过这里的“鬼”不是过去的幽灵，而是那个模糊的现代轮廓，它正在入侵一个晚清时代的闺房。使人不安和困惑的是旧时代的倾倒和沉没，正如张爱玲在论证自己行文风格的一篇散文中指出的：

> 这时代，旧的东西在崩坏，新的在滋长中。但在时代的高

① 张爱玲：《张爱玲集：倾城之恋》，北京十月文艺出版社，2006年，第460页。

> 潮来到之前,斩钉截铁的事物不过是例外。人们只是感觉日常的一切都有点儿不对,不对到恐怖的程度。人是生活于一个时代里的,可是这时代却在影子似地沉没下去,人觉得自己是被抛弃了。①

《传奇》封面中那使人不安的现代性轮廓其实已经隐藏在吴友如的原画中:那个不起眼的妓女玉照已经侵入了晚清妓家的闺房。《传奇》封面把这不安的因素夸大了,这正是要表明在晚清开始的现代性进程在民国时期发展成为"时代的高潮"。这一进程特别体现在传统大家族空间的蜕变,后者正是张爱玲文学创作的主题之一。

张爱玲的文学创作素材在很大程度上源于她自己的家族历史:父母都是清廷高官的后裔,祖父是李鸿章的女婿。在大清帝国行将崩溃之时,李鸿章家族在上海和天津租界购置物业,并在民国初期移居租界。家族的子弟便成为一代遗少,把家族财富挥霍于鸦片、妓院之类,并娶姨太太私设小公馆。张爱玲的父亲就是这样的遗少,他放荡不羁的生活致使妻子离异出国。张爱玲在父亲和继母的家中长大,直到十八岁才得以逃离这个不幸福的家庭。②她可能认为自己的个人经历就是与命运的博弈,但是她并没有去玩弄骨牌来消磨时间,而是用写作来把她内心的焦虑和生活经历外化成文字,流传于世。

20世纪上半叶上海发展成为国际大都市,很多资本家和隐退官僚在这里安家置业,他们的家庭沿袭了传统家族观念,同时又受到现代化和商业化进程的冲击。这特别体现在家族里受过西式教育的年轻女性的都市生活中,她们发现家里"一切都有点儿不对,

① 张爱玲:《张爱玲集:流言》,北京十月文艺出版社,2006年,第14页。

② 张子静,季季:《我的姊姊张爱玲》,文汇出版社,2003年。

不对到恐怖的程度”。未婚的女儿因为期待婚姻而焦虑,而已婚的妻子在夫家的大家庭中感到异化和疏离。如此的焦虑和异化与妓家里等待客人叫局的妓女的感受似乎有可比之处。《传奇》封面把那幅以妓院为题材的晚清图像改绘成为普通家庭情形正是说明了这种可比性。没有出局应酬的妓女通过玩骨牌来缓解焦虑感,而现代都市女性则用“寂寞游戏”来掌控她自己的将来。这“将来”总是和物质财富以及成功男人联系在一起。

在小说《倾城之恋》中,白流苏与挥霍家产的丈夫离婚后回到娘家。这场离异使她在白家中倍受兄弟和姑嫂的歧视。一个偶然机会使她得以从这个压抑环境中逃出:在为她未婚妹妹安排的与一位海外商人见面的聚会中,商人反而钟情于流苏并安排和她在香港秘密会面并最终结婚。流苏的“成功”得益于现代性的事物:跟前夫学来的西式交谊舞,在英国长大的恋人,以及香港这个现代殖民城市。但是她逃离白家仍然是要实现一个传统的目标:一桩成功的婚姻,并以此来满足家人对她的期待。

流苏的成功让白家感到吃惊,她不仅让姑嫂嫉妒而且使她们看到在家庭之外追求新的恋人已经不再是男人的特权了。男女之间的自由恋爱总是在旧式家庭之外,在这方面,晚清妓女和其忠心客人之间的“攀相好”是个先例。后者的故事以文学艺术的形式影响了后来城市女性的浪漫经历。

张爱玲受晚清文化的影响也反映在她对《海上花列传》的推崇,把它看作是和《红楼梦》相当的文学名著,并在晚年把它翻译成国语和英文。她对此书的熟悉无疑影响了她自己的文学创作,例如她作品中对日常生活的细腻描述和城市生活中女性的显著地位就和这部晚清小说有可比之处。

《海上花列传》描写晚清上海妓家的每日活动,如同日常家庭生活一般,都是围绕着妓女和客人的“攀相好”而展开的。妓家既模仿传统家庭空间又是新型商业娱乐空间,让人感到既亲密熟悉又奇异陌生。这一模糊的空间特征恰恰是因为新型妓女职业融入了家庭般氛围,这也使人感到不安,正是《传奇》封面使人感到不安因素的原型。妓女的日常生活以新型物质文化和商业活动为主导,她们代表了一种新型城市女性:致力于生意场上的成功,寻求痴心常客,并最终嫁给他做姨太太。在妓女和客人的相好关系中,感情和金钱交织在一起。

民国时期,妓女文化继续融入或冲击旧式家庭,不仅家族的遗少会去光顾妓院,而且有些妓女会嫁到家里做姨太太。她们也要抚养和教育子女,会把自己以往的经历传授给下一代。富有的商人为姨太太另设住所,叫作小公馆,后者可以说是现代核心家庭与传统妻妾成群之间的一种妥协。对于原配主妇的家庭来说,小公馆是个比妓院更可畏的竞争对手。

小说《留情》讲述了上海商人米先生的家庭。这是个不大的中产家庭,与传统大家族不同。但是米先生也有两个妻子在不同的住所。郭凤比米先生年轻三十岁,她"出身极有根底,上海数一数二有历史的大商家,十六岁出嫁,二十三岁上死了丈夫,守了十多年的寡方才嫁了米先生。她从小跟着她父亲的老姨太太长大,结了婚又生活在夫家的姨太太群中,不知不觉养成了老法长三堂子那一路的娇媚"。米先生在郭凤的小公馆常住,而在原配病重时要回家探望米太太,又怕郭凤不高兴。于是他先送郭凤去看她的亲戚,再转道去看米太太。米先生知道自己的生命也像米太太那样不长久了,而郭凤在和亲戚聊天时说她和米先生的婚姻是为了自己将来有经济保障,因为米先生在死后会给她留下一笔可观的遗产。米先生看完米太太后再转回接郭凤回家,他们在回家的路上依然是一对恩爱的老夫少妇,这个结合也是兼有感情和金钱的因素。①

① 张爱玲:《张爱玲集:倾城之恋》,第1—24页。

在张爱玲写下传世之作的半个多世纪之后，著名上海作家王安忆也讲述了一个小公馆的故事。它就是小说《长恨歌》里的爱丽丝公寓，这是一个僻静而雅致的寓所。张爱玲笔中的小公馆总是充满生活氛围，有时也很热闹，经常有茶叙和牌局。相比之下，爱丽丝公寓比较冷清，这里的女主人王琦瑶年轻美貌却非常孤独，她是国民党高官的情妇，常常独守空房。①

历史上的小公馆和姨太太早在王安忆出生前就已经在上海消失了。爱丽丝公寓其实是作者在老上海的遗迹即将在世纪末消失之时所虚构的空间。它的原型也许并不是姨太太的小公馆，而是高官或大款的"二奶房"②，王安忆对后者有更多的了解。不过"二奶房"与老上海的记忆依然有联系：它最初是由港台富商为在内地（大陆）的情妇所购置的隐秘住所，而这些富商的家族有很多是在1949年前后离开上海移民海外的。

王安忆笔下的王琦瑶象征着老上海的现代女性，甚至保留了一些残存的晚清记忆。她在小说中去世也象征着一个时代的结束，也是新时代的开始。正如晚清文人哀叹名妓如花朵一样消失了，我们今天也惋惜老上海的遗迹在新一轮城市改造中消减殆尽。这一变化固然是一种发展，但是它也是沧海桑田般的自然变化。城市的变迁其实就像花草的枯荣一样，而城市中的女性和她们的时髦形象也像自然景观一样不断更新。

本书所描述的晚清上海城市空间图景就是一种工业文明的新自然。里弄街区的开放性空间兼容了居住和商业功能，寓居客和妓女在这里"攀相好"，享受一种新的物质生活并在传统家庭之外

---

① 王安忆：《长恨歌》，南海出版公司，2003年。

② 关于"二奶房"的近期影视作品有电视剧《蜗居》（2009年，六六原著，腾华涛导演）。笔者曾分析该作品中的"二奶房"与"小公馆"的可比之处，参见 Samuel Y. Liang, "Property-Driven Urban Change in Post-Socialist Shanghai: Reading the Television Series *Woju*," *Journal of Current Chinese Affairs* 39, no. 4 (2010): 3–28.

营造一个“替代家庭”。里弄街区之外的马路奇观更是丰富了寓居者的城市生活经验。高大洋房和通衢大道可以与天然奇观媲美,而华人街区里的洋房和大道都成为女性身体和各种商品的展示场。各种新型娱乐空间让人目眩神迷。游客聚集成无形的人群,并与理性清晰的城市空间布局形成矛盾,这两者之间的相互作用正促使了现代市民公众的形成。华人和殖民统治者之间的矛盾也在上海街头演绎出来,孕育着即将爆发的中国民族主义革命。

晚清是一个特别的历史时期,其间的租界城市已孕育了现代商业文化但还没有接受进步的政治意识形态。这样在后来,以娱乐为中心的晚清文化被视为颓废文化,被提倡革命文化的左翼人士所批判和压制。而事实上,晚清颓废文化在市井的每日生活默默地延续着,一直到我们这个时代:上文提到的民国时期的小公馆和当今的“二奶房”都保留了一些晚清妓家文化的记忆。

韩邦庆、张爱玲和王安忆的文学作品都迥异于上海左翼文学。他们作品中的男女角色都不是公众眼中的英雄。张爱玲评论自己作品中的角色道:“全是些不彻底的人物,他们不是英雄,他们可是这时代的广大的负荷者。因为他们虽然不彻底,但究竟是认真的。他们没有悲壮,只有苍凉。悲壮是一种完成,而苍凉则是一种启示。”①韩邦庆笔下的晚清妓女,张爱玲笔下的摩登女性和姨太太,王安忆笔下的王琦瑶都不是悲壮的人物,她们是苍凉的,她们与旧式家庭的抗争和对浪漫感情的追求也是不彻底的。她们给我们的启示是:城市的居民一直玩弄着那不变的骨牌游戏——也是一种情感的游戏,尽管这游戏的物质环境一直在变化。

① 张爱玲:《张爱玲集:流言》,第14页。

参考资料

《点石斋画报》1884—1898年。

《申报》1872—1900年。

虫天子编:《香艳丛书》,人民文学出版社1992年版。

葛元煦,黄式权,池志澄:《沪游杂记·淞南梦影录·沪游梦影》,上海古籍出版社1989年版。

顾炳权编:《上海洋场竹枝词》,上海书店出版社1996年版。

韩子云:《海上花》,张爱玲译,皇冠出版社1983年版。

花雨小筑主人编:《新辑海上青楼图记》,1895年石印版。

胡适等:《最近之五十年:申报馆五十周年纪念》,上海书店出版社1987年版。

李欧梵:《上海摩登:一种新都市文化在中国(1930—1945)》,毛尖译,北京大学出版社2001年版。

卢汉超:《霓虹灯外:20世纪初日常生活中的上海》,段炼,吴敏,子羽译,上海古籍出版社2004年版。

陆文达,徐葆润编:《上海房地产志》,上海社会科学院出版社1999年版。

罗苏文:《石库门:寻常人家》,上海人民出版社1991年版。

罗小未,伍江:《上海弄堂》,上海人民美术出版社1997年版。

罗小未编:《上海新天地:旧区改造的建筑历史、人文历史与开发模式的研究》,东南大学出版社2002年版。

马克思,恩格斯:《马克思恩格斯选集》第一卷,人民出版社

2012 年版。

毛祥麟:《墨余录》,上海古籍出版社 1985 年版。

梅花盦主编:《申江时下胜景图说》,1894 年石印版。

慕真山人,韩邦庆:《青楼宝鉴》,华夏出版社 1995 年版。

屈大均:《广东新语》,中华书局 1997 年版。

上海市档案馆编:《上海名街》,上海人民出版社 2006 年版。

沈华主编:《上海里弄民居》,中国建筑工业出版社 1993 年版。

同济大学城市规划教研室编:《中国城市建设史》,中国建筑工业出版社 1982 年版。

王安忆:《长恨歌》,南海出版公司 2003 年版。

王绍周,陈志敏:《里弄建筑》,上海科学技术文献出版社 1987 年版。

王韬:《淞滨琐话》,岳麓书社 1987 年版。

王韬:《瀛壖杂志》,上海古籍出版社 1989 年版。

王锡祺编:《小方壶斋舆地丛钞》,杭州古籍书店 1985 年版。

吴友如等绘,张奇明编:《点石斋画报:大可堂版》,上海画报出版社 2001 年版。

吴友如绘:《申江胜景图》,申报馆 1884 年石印版。

吴友如绘:《吴友如画宝》,上海书店出版社 2002 年版。

徐载平,徐瑞芳:《清末四十年申报史料》,新华出版社 1988 年版。

张爱玲:《张爱玲集:流言》,北京十月文艺出版社 2006 年版。

张爱玲:《张爱玲集:倾城之恋》,北京十月文艺出版社 2006 年版。

张子静,季季:《我的姊姊张爱玲》,文汇出版社 2003 年版。

郑逸梅:《书报旧话》,学林出版社 1983 年版。

方迎九:《韩邦庆佚诗佚文钩沉》,《明清小说研究》2002 年第 2 期,第 227—240 页。

罗萌:《〈海上花列传〉的空间表述——"长三书寓"与"一笠园"》,《现代中文学刊》2010 年第 6 期,第 17—26 页。

熊月之:《张园:晚清上海一个公共空间研究》,《档案与史学》1996 年第 6 期,第 31—42 页。

姚玳玫:《从吴友如到张爱玲:19 世纪 90 年代到 20 世纪 40 年代海派媒体"仕女"插图的文化演绎》,《文艺研究》2007 年第 1 期,第 134—146 页。

Alcock, Sir Rutherford, *Capital of the Tycoon: A Narrative of a Three Years' Residence in Japan*, 2 vols. London: Longman, Green, Longman, Roberts &. Green, 1863.

Benjamin, Walter, *Illumination: Essays and Reflection*, ed. Hannah Arendt, New York: Schocken Books, 1968.

Benjamin, Walter, *The Arcades Project*, trans. Howard Eiland and Kevin McLaughlin, Cambridge MA: Harvard University Press. 1999.

Benjamin, Walter, *The Origin of German Tragic Drama*, trans. John Osborne. London: NLB,1977.

Benjamin, Walter, "The Paris of the Second Empire in Baudelaire," in Walter Benjamin, *Selected Writings*, ed. M. W. Jennings, Cambridge MA: Harvard University Press, 2003. vol. 4, p. 55 - 58.

Britton, Roswell S., *The Chinese Periodical Press, 1800 - 1912*, Shanghai: Kelly & Walsh, 1933.

Buci-Glucksmann, Christine, *Baroque Reason: The Aesthetics of Modernity*, trans. Patrick Camiller, London: Thousand Oaks, 1994.

Cohen, Paul, *Between Tradition and Modernity: Wang T'ao and Reform in Late Ch'ing China*, Cambridge MA: Council on East Asian Studies, Harvard University, 1974.

De Jesus, C. A. Montalto, *Historical Shanghai*, Shanghai:

Shanghai Mercury, 1909.

Freud, Sigmund, "The 'Uncanny'", in *The Standard Edition of the Complete Psychological Works of Sigmund Freud*, ed. and trans. James Strachey, London: Hogarth Press, 1953. vol. 17, p. 219 – 255.

Habermas, Jürgen, *The Structural Transformation of the Public Sphere: An Inquiry into a Category of Bourgeois Society*, trans. T. Burger. Cambridge, Mass.: MIT Press, 1989.

Hugo, Victor, *Le Misérables*, in Victor Hugo, *Oeuvres complètes*, Paris, vol. 8, 1881.

Lemière, J., "Sing Song Girl: From a Throne of Glory to a Seat of Ignominy." *Chinese Journal of Science and Art*, no. 1 (1923), p. 126 – 134.

Liang, Samuel Y., *Mapping Modernity in Shanghai: Space, Gender, and Visual Culture in the Sojourners' City 1853 – 1898*. London: Routledge, 2010.

Liang, Samuel Y., "Where the Courtyard Meets the Street: Spatial Culture of the *Li* Neighborhoods, Shanghai, 1870 – 1900." *Journal of the Society of Architectural Historians*, vol. 67, no. 4 (2008), p. 483 – 504.

Liang, Samuel Y., "Ephemeral Households, Marvelous Things: Business, Gender, and Material Culture in *Flowers of Shanghai*." *Modern China*, vol. 33, no. 3 (2007), p. 377 – 418.

Liang, Samuel Y., "Property-Driven Urban Change in Post-Socialist Shanghai: Reading the Television Series *Woju*," *Journal of Current Chinese Affairs* 39, no. 4 (2010), p. 3 – 28.

MacFarlane, W., *Sketches in the Foreign Settlements and Native City of Shanghai*, Shanghai: Shanghai Mercury, 1881.

North China Herald, 1850 – 1900.

Simmel, Georg, "Bridge and Door", in *Rethinking Architecture: A Reader in Cultural Theory*, ed. Neil Leach, London: Routledge, 1997, p. 66 - 69.

Skinner, G. William, ed., *The Cities in Late Imperial China*, Stanford: Stanford University Press, 1977.

Wang, David Der-wei, *Fin-de-siècle Splendor: Repressed Modernities of Late Qing Fiction. 1849 - 1911*, Stanford: Stanford University Press, 1997.

后　记

本书的研究和写作前前后后有十多年了。起初是我研读晚清文人和画家的作品并借用一些西方的城市空间理论，写成的一本英文书，后来又在朋友和编辑的鼓励下把该书改写为中文，并增加了尾篇。英文原著学术性较强，改写的中文版在前言和第一章保留了这种学术性，可供研究人员探讨与思考，同时我希望该书的其他章节有更广泛的读者群。

十七年前，我进入纽约州立大学（Binghamton University, SUNY）读博士，一年后博士论文选题“晚清上海城市空间的现代性”。此后三四年间，我的博士论文导师和答辩委员（Tom McDonough, Anthony King, John Chaffee）对我的研究予以大力支持。博士毕业后，我修改博士论文，在2010年出版了*Mapping Modernity in Shanghai*一书。在这一过程中，Routledge出版社的Asia's Transformation书系编辑Mark Selden教授给了我很大的帮助。对以上所提到的各位教授，我深表感激，同时我也要感谢其他老师和学长，他们的名字在那本英文书中都有提到，这里就不再重复了。

上海学在海外的兴起受到国内同行和出版届的重视，本人的研究也有幸得到国内同行的注意。前上海交大人文学院院长王杰教授在2011年至2015年间曾多次邀请我来上海访问，使我有机会和国内学者交流。与此同时，上海社科院王敏教授对我的研究进行了推荐，还有何晓昕博士和章超博士对我诸多鼓励。能完成此书还要感谢国内同行的鼓励与推荐。

本书最后得以出版，要特别感谢上海辞书出版社的前编辑吴慧老师的大力协助；并因此得到第五届文汇·彭心潮优秀图书出版基金的资助。也要感谢王媛编辑在该书后期制作过程中的辛勤工作，还要感谢潘涛先生最初的推荐。

最后我要感谢我的工作单位犹他谷大学（Utah Valley University）对我研究工作的支持，使我在繁忙的教学工作之中，得以完成该书的写作。也要感谢上海大可堂文化有限公司和上海图书馆古籍部为本书提供了《点石斋画报》和《海上花列传》插图的扫描件。

梁允翔

2018 年 5 月

图书在版编目(CIP)数据

海上空间：晚清寓居城市的现代性／梁允翔著. --上海：上海辞书出版社，2018.6
ISBN 978-7-5326-5058-3

Ⅰ.①海… Ⅱ.①梁… Ⅲ.①城市文化—文化史—上海—清后期 Ⅳ.①K295.1

中国版本图书馆 CIP 数据核字(2018)第 025349 号

海上空间

晚清寓居城市的现代性

梁允翔 著

责任编辑 吴 慧 王 媛
装帧设计 杨钟玮

出版发行 上海世纪出版集团
上海辞书出版社(www.cishu.com.cn)
地　　址 上海市陕西北路 457 号(200040)
印　　刷 上海展强印刷有限公司
开　　本 890×1240 毫米 1/32
印　　张 7
字　　数 176 000
版　　次 2018 年 6 月第 1 版 2018 年 6 月第 1 次印刷
书　　号 ISBN 978-7-5326-5058-3/K·1095
定　　价 32.00 元